“十四五”普通高等教育规划教材
国家一流专业——会计学专业系列教材

管理会计案例

夏勇　李梦　主编
潭秀阁　鲁乔杉　王慧　副主编

中国财经出版传媒集团
中国财政经济出版社

图书在版编目（CIP）数据

管理会计案例／夏勇主编． --北京：中国财政经济出版社，2021.10

“十四五”普通高等教育规划教材　国家一流专业——会计学专业系列教材

ISBN 978－7－5223－0797－8

Ⅰ.①管…　Ⅱ.①夏…　Ⅲ.①管理会计－案例－高等学校－教材　Ⅳ.①F234.3

中国版本图书馆 CIP 数据核字（2021）第 190948 号

责任编辑：蔡　宾　　　　责任校对：张　凡

封面设计：陈宇琰

管理会计案例

GUANLI KUAIJI ANLI

中国财政经济出版社 出版

URL：http：//www.cfeph.cn

E－mail：cfeph@cfeph.cn

社址：北京市海淀区阜成路甲 28 号　邮政编码：100142

营销中心电话：010－88191522　编辑部门电话：010－88190666

天猫网店：中国财政经济出版社旗舰店

网址：https：//zgczjjcbs.tmall.com

北京密兴印刷有限公司印刷　各地新华书店经销

成品尺寸：185mm×260mm　16 开　8.75 印张　194 000 字

2022 年 4 月第 1 版　2022 年 4 月北京第 1 次印刷

定价：40.00 元

ISBN 978－7－5223－0797－8

（图书出现印装问题，本社负责调换，电话：010－88190548）

本社质量投诉电话：010－88190744

打击盗版举报热线：010－88191661　QQ：2242791300

编 委 会

总　　序

西安财经大学会计学专业创建于1952年，在70年的发展历程中，伴随着学校的不断发展与几代会计人孜孜不倦的努力，目前，该专业已建设成为国家“一流专业”建设点。我们的专业教学队伍是由具有丰富实践经验和专业知识背景的中青年人才组成的，团队以“重品德、重基础、重实践、重规范、重人文”为教学理念，不断开拓进取，根据学校定位和学生特点，结合团队丰富的教学经验，自编专业教材，形成了自己的教学特色，为国家，特别是为西部地区建设培养了大批急需的应用型会计人才，形成了独具特色的会计学专业人才培养模式，得到了用人单位与会计教育界的认可和肯定。

进入21世纪以来，我校会计学专业秉承“为党育人、为国育才”的教学理念，按照“重品德、宽口径、厚基础、强能力、高素质”的人才培养要求和培养“信得过、用得上、干得好”且具有创新精神的高级应用型会计人才的特色定位，大力进行教学改革，努力提高教学质量，取得了一系列优秀的教学成果。2008年，会计学专业被立项为“省级特色专业建设点”；2010年，被立项为“国家级特色专业建设点”；2020年，被立项为“国家一流专业建设点”。会计学专业教学质量的提升，极大地提高了学校的知名度，对学生和就业单位的吸引力进一步增强，会计学专业的毕业生就业率一直稳居各相关专业前列。

教材是体现教学内容和课程体系的知识载体，是教师教学和学生学习的主要媒介，是教师进行教学，做好教书育人工作的具体依据，是学生获得系统知识、发展智力、提高思想品德觉悟的重要工具。为了系统总结西安财经大学会计学专业多年来的教学改革成果，整合会计学专业已有的教材资源，体现会计学专业最新的教学理念和学校特色，依托国家级和省级教学改革与质量工程项目，建设好“国家一流专业”，学校特组织编写了“国家一流专业——会计学专业系列教材”。

本系列教材主要包括：《会计学基础》《中级财务会计》《高级财务会计》《成本会计》《管理会计》《财务管理》《审计学》《财务报表分析》《纳税会计》《房地产开发企业会计》《会计信息系统实验教程》《计算机财务管理》《财经法规与会计职业道德》《管理会计案例》《审计案例分析》《政府与非营利组织会计》等。本系列教材的特点是重点突出、难点易化；重视系统性、讲求实用性、避免重复性；强调系统化、规范化，有助于对教材讲解的理解和掌握，并便于学生自习、复习和进行作业。以达到学者能提高学习效率、教者能提高教学质量的目的。

需要说明的是，本系列教材既是西安财经大学会计学专业、财务管理专业教学改革成果的系统总结，反映了前辈们的探索和当今会计学人的研究成果；也是会计“国家一流专业”和财务管理陕西省“一流专业”的重要建设项目。同时本系列教材还受到学校相关部门及其他院校同行教师的关心和支持，在此一并表示谢意。希望我们的共同努力能够为我国的会计教育和人才培养做出更多的有益贡献。

期望读者和同行对本系列教材提出宝贵意见和建议。

编委会

2021年10月

前　　言

管理会计是会计学的重要分支，它在现代企业管理中起着无法替代的作用。因而“管理会计学”也成为大学会计学本科的必修课程，并成为所有会计从业人员必须了解的领域。随着管理会计教育的不断发展和深化，管理会计案例教学在管理会计人员培养方面越来越突显出其重要的作用和意义。通过管理会计案例教学不仅可以帮助学生巩固在“管理会计学”中所学知识，更能够提高他们对管理会计知识技能的实际应用水平。

《管理会计案例》是为会计学专业本科教学编写的一部基础性教材，作为“管理会计学”的后续课程，首先，我们考虑教材选取的案例可以基本覆盖管理会计课程中的多数知识点，针对已学知识，为学生提供一个加深知识理解、促进灵活应用能力发展的模拟实战机会；其次，还要考虑所选取的案例层次多样、难易结合，既需要知识点应用较单纯的章节性案例，也需要知识点应用密集的跨章节性综合案例，以便学生能够举一反三、触类旁通地把所学知识逐渐融会贯通，真正提高实际解决问题的能力；同时我们还考虑到本科学生的实际专业水平有限（同时也出于希望本教材能对自学者们能有所帮助的目的），对书中所选择的案例提供了参考性的分析思路和解决提示，以帮助学生学会分析解决问题的基本思路、步骤和方法。本书中的案例数量比较丰富，在教学应用过程中，可以供教师选择性讲授，也适用于布置给学生自学和讨论。

本教材由西安财经大学商学院会计系管理会计课程组教师：夏勇、李梦、谭秀阁、鲁乔杉、王慧共同合作完成。其中：夏勇担任主编，李梦担任副主编，共同负责教材大纲的拟定及书稿的审定。本书第一章、第四章由夏勇编写；第二章、第三章由李梦编写；第五章由谭秀阁编写；第六章由鲁乔杉编写；第七章由王慧编写。

本书在编写过程中，参考和借鉴了管理会计类诸多教材和文献，在此一并表示感谢。因编写人员水平和专业能力所限，书中疏漏之处在所难免，在使用过程中恳请同行专家学者批评指正。

编　者

2021 年 6 月

目　　录

第一章　管理会计案例分析总论

学习目标

知识目标：

要求学生了解管理会计案例的基本概念与一般管理会计案例所包含的基本要素；掌握管理会计案例分析的基本步骤及每个分析步骤当中应当注意的问题；学会如何根据案例阅读提炼和绘制案例分析图表；了解如何提供案例分析的结论。

能力目标：

能够有步骤地展开管理会计案例分析工作：首先能够进行管理会计案例的准确阅读，而后知道如何提炼案例描述背后的关键信息；并能够制作管理案例相关信息图表；能够设计案例解决方案及步骤；能够用适当的形式提供案例所描述问题的解决方案。

本章教学建议

将理论讲解与具体案例相结合，在完整详细的案例分析理论方法介绍之后，充分利用具体管理会计案例进行分析，逐步展示一般案例的各个分析步骤和方法，使学生在使用过程中体会案例分析的基本步骤和分析方法如何运用。

第一节　管理会计案例分析一般步骤和方法

一、什么是“案例”

案例就是人们在生产生活过程中所经历的、典型的、富有多种意义的事件陈述，或者是对人们所经历的故事当中有意义的部分进行的截取。在管理会计中，案例分析就是在课堂教学中摸拟或截取现实的工商业管理或行政管理情景，并要求我们针对其描述，运用所学管理会计知识，对描述情景中的问题提出自己观点和方案的一个过程。案例可以给人一种身临其境的感觉——了解公司历史、经营风格、组织结构、财务状况、所处的外部环境等一切在做决策时可能需要的信息。通过案例教学和分析，我们能够在多方面获得提高，不仅可以巩固所学知识，更能够提高实际应用知识水平。

一个典型的管理会计案例的内容一般包括：对组织、组织的经营环境以及组织当前的处境的描述；组织当前所面临的问题（有时组织面临的具体问题可能在案例中非常清晰地反映出来，但也可能在描述中反应得并不清晰，需要我们仔细探寻和发现）；案例分析的目标和要求（案例可能会明确提出某项要求，但是也可能并不提出任何要求，需要案例分析者自己发现并确立分析目标）；适当的假设条件（和现实生活中所发生的一样，我们往往难以获得完备的信息，所以我们需要适当的假设条件来开展案例的分析工作）。而案例分析者将在案例中扮演某个位置上的角色，他们需要发现组织存在的问题、分析组织的处境并提出适当的对策或建议。

管理会计案例与普通习题不同，出于尽可能模拟现实情境的目的，或者案例本身就是现实情境的再现与描绘等种种原因，案例中所包含的问题可能错综复杂，主次问题相互纠缠，可能也有许多干扰信息穿插其间，因而对于管理会计案例的解读、分析、寻找解决的技术、得到最终结论的过程要远远比普通习题来的复杂，但是也更加贴近管理会计应用的实际环境，能够充分地训练我们应用所学的管理会计知识，通过定性、定量的方法解决问题的能力。因而管理会计案例分析能力在管理会计学习当中是一项重要的内容。

二、管理会计案例分析的步骤

管理会计案例的内容千变万化，可能涉及一项或者多项专业技术内容，呈现出不同的复杂程度和表述形式，但是管理会计案例的分析方法和步骤却有规律可循，按照一定的步骤，就可以化繁为简，逐步理清头绪，认清问题本质，并提出解决的方案；管理会计案例分析一般包括以下几个基本步骤和环节：

首先通过阅读来识别问题。问题如果较为复杂，则应该在阅读后把主要内容归纳为一个提纲；而后运用所学的到的相关知识和技术来分析问题，讨论各个问题可能的方案及各种方案的优势和缺点；根据分析的过程和结果拟出对策或建议；最后以口头或书面等形式得出结论或提出建议。所以，虽然管理会计案例的形式和内容多种多样，但在进行案例分析的时候，如果能够按照一定的步骤和方法来进行，就可以避免“老虎吃天无从下手”的被动局面，了解和掌握这些分析步骤，对于管理会计案例分析的成功是必不可少的。

具体说来案例分析过程通常由以下四个步骤组成：

（一）案例的阅读

这是案例分析过程的第一步，良好的案例阅读会为后续案例分析的展开打下良好的基础，在阅读过程中，需要注意以下几个方面的问题：要明确该案例分析的目标和任务；要明确案例中的角色分配；了解案例目标达成所需要的各种因素，以及案例发生所处的组织环境，组织环境的理解和洞察往往在案例分析中会起到非常关键的作用。

1. 确立案例分析的目标与任务。在各种各样的教学案例中，有的是有明确任务要求的，而有的则没有。如果案例有明确的任务要求，那么，第一步就是阅读这些任务和要求。在后续对于案例材料的阅读或者补充材料阅读中，心里要牢记这些要求，捕捉所有可能有用的信息和数据，为自己分析和得出结论准备条件。如果案例没有明确任务要求，则需要我们从原有的案例材料中以及在问题的识别过程中找到这个要求，而后再反复对案例材进行阅读，明确需要解决的问题。通过目标任务的确立，可以使我们抓住关键信息，剔除干扰信息，高效地完成案例的解读和分析。

2. 正确识别自身在案例中所处的位置和角色以及最终将使用案例分析报告的决策者身份。在阅读案例的过程中，我们应当识别自己的角色、决策（报告、建议）的使用者，这是我们的目标和成功的重要因素之一。

（1）自身角色的确定。由于不同的案例角色在寻找解决问题的办法时所需要考虑的重点是不同的，因而，确定自己在案例中的角色十分重要。不同的角色，他们的立场必然有差异，诉求也不同，在看待和分析问题的时候关注的信息也不同。因而在案例阅读时首先要明确自己在案例中的角色和立场。这样，在后续信息的关注重点上才能有所侧重。例如，在银行贷款决策中，银行家与贷款方所要考虑的问题和考察的方向必然是不同的；对于产品标准成本方案的制定，处于基层生产单位与高层决策单位的看法和立场也会有所不同。明确了自身的角色设定，才能够从该角色的角度来提供合适的解决思路和解决方案。

（2）案例分析结论使用者的身份确定。要想达到令人满意的管理沟通效果，还必须注意信息最终的使用者是谁，最终的使用者决定着所提供的解决方案的基调以及所涉及内容的详细程度。例如，一份成本预算的报告若要呈交给公司的总经理，其技术指标的含量就应当较少，其细节程度就应比呈交给直接管理者低，因为总经理无法对技术细节进行详尽的解读，而直接管理者则需要了解详细的技术细节，以便进行方案的实施和控制。

除此之外，我们还应当了解和分析组织成员间的关系，明确他们各自的职责描述、分工，明白他们之间的合作和竞争关系，以便在案例分析和方案制定过程中，尽量在保持公平的基础上调动他们的主动性和积极性，避免产生不必要的内部矛盾和执行阻力。

（3）必须了解影响目标与成功的主要因素。对于恰如其分地发现问题、分析问题以及做出决策来说，在案例阅读过程中了解组织的目标也是非常重要的。组织的目标往往不局限于利润和现金流，可能还有很多其他的组织目标，比如员工素质提高，客户满意度，企业社会影响力和形象等，在阅读过程中，我们不可忽略其他组织目标，要对组织目标有详细的了解。而后针对这些组织目标，分析要达成这样的目标，应当具备哪些条件和因素，而后去想办法改善或者促进这样条件的形成和因素的具备。

（二）问题的识别

在管理会计案例分析过程中，如果案例描述中给出了特定的要求，那么这个要求往往是针对案例中所反映出的主要问题而言的，其他次要的问题就需要我们自己来发现、分析、并提出观点。

但是有的管理会计案例并不明确提出问题和要求，这时就需要我们通过案例阅读来识别、确定所存在的问题。这样的案例是最大程度模拟了现实中经常发生的情况，那么问题的识别就是这样的案例分析中非常关键和困难的一个环节。

此外，在许多情况下，最初发现的主要问题随着分析的深入，我们会发现它原来却并不重要，它只不过显示了主要问题的表象，而还有隐藏在该问题背后的其他问题，这就需要在分析过程中，继续发现问题并解决问题。例如，一家公司在销售过程中接到数量巨大的订单，但是要拿下订单需要做出价格上的让步，这个问题表面上看是个销售定价问题，但事实上牵扯到成本重新计算与成本控制的问题，需要通过成本习性来计算变动成本，看有无降价的余地，或者有无降低成本的可能性。而如果随着成本分析又发现生产能力有瓶颈，可能要外包或者需要添置设备，那么又可能涉及长期投资的问题。

在问题识别的过程中还需要注意的问题有：

1. 分辨主要问题与其他问题。大多数案例中所包含的问题可能并不止一个，因而，我们就需要识别这些问题并对这些问题进行排序，从而可以在有限的时间内将大部分精力花在主要问题上面。在对问题进行排序时应考虑的因素如下：

（1）需要做的是什么样的决策，这样的决策与组织的目标以及成功的主要因素之间的关系是什么样的。

（2）需要做的决策其时间紧迫性如何，问题的时间紧迫程度也决定了它的关键性程度。

（3）信息使用者的主要诉求是什么，能否满足信息使用者的要求，也应当纳入优先级考量之中。

问题识别过程中的关键在于，需要对已被识别的问题按重要性大小进行排序，确定必需要做出的决策有哪些，而后才能根据重要程度，逐一开始进行恰如其分的分析。

2. 识别所发现各个问题之间的相互关系。当存在不止一个问题的时候，这些问题还可能是相互联系的，我们需要了解它们之间的关系，往往它们之间会彼此影响，在考虑解决方案的时候，不可忘记考察权衡它们之间的利弊和关系。

3. 确定所发现问题需要用到的管理会计技术的性质。以上阅读和问题识别过程可以通过阅读提纲简要地表示出来，案例提纲的形式可不拘一格，表 1－1 是一个经典的案例提纲示例。

表 1－1　　**案例提纲**

案例要求：　　**你的角色：**

目标与成功的主要因素：　　**信息使用者：**

识别问题	分析需要
主要问题	定量要求
次要问题	定性要求
其他可能涉及的问题	
假设及前提条件	
对所提供的建议的基本要求	

（三）问题分析

在确定了问题及其存在的特定环境之后，我们就可以进行适当初步的分析。我们首先需要针对问题设计解决问题的步骤和框架，明确为了解决这个问题，需要进行的工作及其先后顺序，而后根据这个框架逐步完成需要的工作，运用具体的管理会计方法和技术进行更加深入的分析。

其中：分析可以是定量的，也可以是定性的，我们需要确定分析的种类—定量或定性。

1. 定量分析。大多数管理会计案例需要进行定量分析。首先，我们要对主要问题进行分析，这些问题将决定定量分析时所使用的方法。特定种类的决策需要特定种类的分析方法。例如，在企业根据剩余（生产）能力确定指标定位的情况下需要进行贡献分析，而在制定购买决策时则需进行相关成本的分析等。

2. 定性分析。在定性分析中应当包括：对可供选择的方案进行的正反两方面的考虑、对定量分析的结果进行解释、比较和评价。定量的方法并非会绝对客观地显示出问题的本质，相反，许多定量的方法本身具有一定的局限性，即使定量方法几近完美，我们还要考虑问题所发生的组织环境，企业目标等等非量化因素制约，这就需要我们根据具体的问题及其环境，进行评估，取舍。必要时，我们还应建立假设条件，但这些假设不应与案例事实相矛盾，它们应建立在案例所提供的信息、专业判断或常识的基础之上。

（四）做出决策建议

在上一个步骤完成以后，我们获得了一些对于最终决策非常有价值的数据计算结果和决策信息。只有在我们在做出决策或提出建议之后，完全的案例分析的任务才最终完成。不能把分析结果直接放在那里，不再做任何工作。事实上，我们需要把定性或定量的结果进行比较，尊重技术评价结果，同时也需要考虑企业文化、员工心理等非定量因素，全面考虑之后确立具体的行动方案，同时还应当注意这些方案必须具有可操作性，并且要考虑成本与效益因素。同样，这些方案还应与组织目标联系起来并有助于主要成功因素的形成。对每一个问题都应给出相应的决策或建议。

总体说来，案例分析方法包括以下几个步骤：

（1）阅读案例明确自身角色、确定案例任务要求。

（2）识别案例中的问题，必要时写出详细的阅读提纲。

（3）建立必需的假设条件，对多个选择方案进行定量及定性分析。

（4）对任务问题做出具体的决策或建议。

第二节 管理会计案例分析示例

本节，我们使用一个小案例，来演示一下案例分析的过程，希望通过这个演示，使大家能对案例分析的方法有更好的了解和掌握。

示范案例描述：

又要到年底了，王凯要处理的事情很多，但是他首先要跟他的上司进行沟通，明确任务。王凯是投资人联络部的负责人，这个部门目前正忙着汇编公司的财务报告。投资人联络部是处于公司管理层与那些每年焦急等待最终财务报告的机构投资者、分析师和大银行之间的中间联络机构。王凯与他的团队必须对报表上的数字了如指掌，并向外界人士做出有说服力的解释。“王凯，无论从企业战略上或者从日常经营上来讲，这一年对我们都很具挑战性。”公司的主管李总这样说：“许多优秀的人才为公司做出了卓越的贡献。会计人员所提供的数字看起来不错，并且也反映了我们的成功，但是我们需要这些数字最大程度地反映我们的成功，不过当然了，在合法的范围内！”王凯回答说：“我可以向您保证，我们小组已竭尽所能地使报表符合我们的分析师和其他委托人员的需要。我们最后一项任务是把间接成本分配给各个分部。”李总又说：“那些分配工作至关重要。你知道外界人士非常重视各个分部的信息，他们会用这些信息来预测和评估咱们公司的未来。”是的，分析师们对分部的报告资料也很关心。对王凯来说，这些分部的经营结果跟公司的合并数字同样重要。“我们很注意这个问题”王凯说。“和之前一样，我所关心的是如何最佳地确定哪些成本应该分配到哪个经营分部。”如果投资人联络组没有做好这项工作，不仅李总和其他管理人员会很失望，那些希望获得高质量的财务信息的利益相关者也会被误导。这个对间接成本进行分配的工作，给王凯小组成员带来重大压力，小组必须好好应对。

“必须承认，这个工作很复杂，但是相信你和你的小组能够更好地分配这些成本。各分部经理们都知道无论你作的是怎么样的决定，都是最后的决定，如果他们想要得到年终奖金，他们必须妥善地处理这些问题!”李总又说：“所有的主管人员都期望你能公平地报告各分部的最终结果。然后，让各分部的经理自己来处理随后的日常决定。接下来的事情你就不需要操心了。”“没问题，李总。等我们做完了，我就会把那些数字发送给你。”“我需要打印出来的纸质文件，电子表格看起来有些费劲。”“好的。”王凯微笑着挂上了电话，但是感到巨大的压力。王凯的这一项更新财务报表附注中有关分部报告的工作，并不像大家想得那样容易。收入可以简单地追溯到每一个分部，但各项费用往往是这些分部共同发生的，因此如何把这些费用恰当地分配给各个分部，往往是一个难题。同时，这些间接费用的分配对于各个分部业绩的影响是巨大的，并且使得确定分部业绩的方案有了更大的灵活性。

根据公司的三条主要的产品线，公司按这三个产品线被分解为三个营业分部（机械部、创新部和企业部）；凡是不属于这三个营业分部的费用，则被计入总公司层面。所有的收入和与产品有关的许多成本（包括工薪），直接计入适当的营业分部。困难在于如何处理两个或更多分部所共享的间接成本，如人力资源或研究与开发费用。这些成本中的任何一项都金额巨大，足以影响到各分部的营业利润。投资人联络组必须证明其所决定的分配方法是合理的，并让上一级管理层和分部经理（他们对自己分部的最终营业利润十分关心）都能接受。在最后分配间接成本的过程中，王凯希望能避免涉及任何可能引起的人际关系争论，希望费用分配方案不带任何偏见。

今年，投资人关系组必须考虑如何分配 1 474 000 元的间接成本，表 1－2 列示了公司间接费用的详细情况。此数相当于全部收入的 16.5%。这些成本包括研究与开发费用、人力资源费用和信息技术费用。明显可以采用的方法之一，就是对这些成本统统不作分配，而由总公司承担。如果仅仅从盈利能力来考察各个分部，对各营业分部来说就避免了彼此之间可能的不满和争论，但显然不符合权责之间的匹配原则。我们有必要将这些成本分配到各个分部，表 1－3 列示了各分部收入及部分费用的情况。

表 1－2　公司间接费用情况表

单位：元

研究与开发	人力资源	信息技术	总计可分配费用	公司利润
559 000	664 000	251 000	1 474 000	395 000

表 1－3　各个分部收入和费用部分信息表

单位：元

分部名称	收入	直接费用	分配前利润	利润率
机械分部	6 952 000	4 792 000	2 160 000	31%
创新分部	1 265 000	658 000	607 000	48%
企业分部	623 000	677 000	(54 000)	(9%)
公司其他部门	68 000	912 000	(844 000)	0
分配前合计	8 908 000	7 039 000	1 869 000	21%

机械分部是典型的现金牛（cash cow），稳定地连续多年为公司提供了意义重大的支持。这个分部的产品线富有竞争力，凭借着健全的管理策略和战略方向，机械分部将继续成为行业的带头人。机械分部的规模（占到公司总销售额的 78%）和稳定的现金牛地位，使任何针对该分部增减费用的分配额，都不会对其地位产生什么实质性影响。王凯的好朋友陈小东负责管理机械分部，王凯也知道陈小东由于该分部出色的业绩，历年来都获得了公司高额的奖励。

创新分部也取得了重大成功。他们有一条特殊的产品线，因缺少竞争对手，在过去的两年中获利颇丰。王凯作为公司领导团队的成员，他经常与创新分部的主管人员一起工作，他知道这些主管人员希望尽量保持创新分部的成功而不要引人注意。这个分部的利润率为48%，而这个比率在本行业中是前所未闻的。但是创新分部一旦遭遇强劲的竞争对手，它的竞争优势可能会消失。

王凯心里清楚分部的业绩情况是分析师预测未来业绩的关键性的资料来源。分析师们怎么说，市场就跟着走。王凯对公司整体负有责任，但他也认识到每一个分部对公司的重要性。当王凯的小组成员们进入房间进行讨论的时候，一位老员工发牢骚说，"去年费用分配的过程，完全是出力不讨好。我们在那次的分配中所做到的就是：弄得自己猪八戒照镜子，里外不是人！"王凯感觉到了房间里的压抑气氛，但仍然感到应当提醒小组成员，团队的分配决定的重要意义。王凯为了鼓舞士气，故作轻松地回应："不错，这是一个烫手的山芋，但李总刚才还表扬我们说，他对我们十分满意。我也对大家一贯的努力和付出深表谢意，这次我们也会圆满完成任务的。"

王凯及其团队接下来需要对各分部的间接成本进行分配，对各个分部经理的业绩做出评估。请你站在王凯的角度，讨论应如何完成这次年终任务，其中需要考虑哪些问题，应当如何应对这些问题？

案例分析过程：

第一步：案例的阅读分析

本案例使用的是叙述性的表达，以写实的手法把王凯及其团队目前所面临的局面和问题呈现出来，我们首先需要从这样的文字叙述中进行文字背后含义的概括，同时对细节予以充分的考虑，并梳理出一些关键的信息。

我们从描述中可以看出：

一、王凯所处的组织环境和面临的压力

王凯所在的投资人联络组的任务是把得出的会计数据的信息，传递给财务报表使用者。这一任务中一部分属于会计工作，一部分属于营销工作，还有一部分属于沟通工作。王凯面临的压力来自三个方面：上司已经暗示他需要把报告做得有利于公司业绩；在进行间接成本分配的时候，三个被考察和承担费用的部门都希望自己有较好的经营业绩，王凯的好友还在其中的一个部门工作；对于投资人，王凯负有准确真实传达信息的责任。这是王凯所处的组织环境。

二、王凯的职责和任务

1. 王凯和他的投资人关系组所面临的主要任务是：把收入和成本在公司各分部间分配。在一般情况下，收入的分配就是把各分部销售所得分配到该分部，是很容易的；有许多成本也可以简单地追踪计入各分部。但在处理间接（共享的）成本上，就需要做出一些关键的抉择了。这些成本如何分配到各营业分部，会影响人们对各分部和它们的经理人员工作业绩的看法。这个情景提出的挑战就是，要考虑分配方法的选择，并思考这一关键性的财务信息的披露将如何影响人们的看法。

2. 王凯和他的团队还要承担的另外一项重要任务：把这些数据传递出去，影响资本市

场对公司盈利的反应。分部报告是一项重要的财务披露信息，同时也给予了经理人员不同程度的自由选择权。必须要注意的是：在许多编制报表的问题中，我们已经体验到了自由选择权的使用，包括折旧（折旧方法、使用寿命和残值），坏账准备（坏账的百分比），以及存货（存货计价方法）等等。这些实例，会引出内容更广泛的问题，其中就包括了分部信息披露的问题。

理论上讲，财务报表应向投资人提供决策有关的信息。为了做到这一点，鼓励设有多个分部的公司提供各分部的详细信息。如果一家公司的管理层未能汇总所有公司的经营数据，往往要求公司在附注内做出披露，使投资人能够据此来评估报告所列各分部的经营情况。编制分部报告的问题，往往是采取“由管理层看着办”的方式，而不采用“严格按规定办事”的方式。管理层的自由选择权决定了哪些分部应予披露、哪些盈利指标最能代表分部的业绩情况。虽然给予经理人员自由选择权可能有益，但这样做也增加了编制投机取巧的报告书的危险性。不过分部报告受监督的程度较低，因为审计人员对财务报表各项注释的重视程度显然低于对报表本身的重视程度。

3. 此外，在这个案例中，我们可以感受到，王凯及其团队还面临着道德上的困境和挑战。他们团队的成员可能会利用自己手中所掌握的量裁灵活度，根据自己私人关系和好恶，调整分配方案。我们也需要考虑在这样的情况下，后续可能会发生怎样的事情。

第二步：问题的识别与阅读提纲的形成

基于以上的分析，我们可以进一步概括一下：王凯的团队所要完成的主要任务：成本的分配、分部财务报告的编写、同时必须处理好各方的关系，保持公平与谨慎。根据以上阅读概括，我们可以形成如下的案例阅读提纲。

案例阅读提纲

案例要求：在规定时间内完成成本分配并提交各分部报表

案例目标：提供各方认可的、公正客观的分部报表

其中成功的主要因素：成本分配方法的合理选择、报表编写人员的职业操守。

你的角色：投资人联络部（王凯及其团队）

使用者：李总、机构投资者、分析师和大银行以及包括各个分部在内的公司管理层。

问题识别：	问题分析
主要问题：	间接成本在三个分部之间的分配，三个分部的财务绩效。
次要问题：	编制分部财务报表。
其他问题：	平衡关系，处理好职业道德方面的问题。
假设条件和建议：	王凯及其团队拥有良好的专业素养和职业道德品质，无主观偏向。

第三步：案例中的具体问题与数据分析

我们下面从主要问题入手来分别讨论王凯小组如何具体来完成这些任务。

一、成本分配问题

成本分配是公司业绩评估体系中的一个重要组成部分。在本案例中，被分配的成本包括了：研究与开发成本、人力资源成本以及信息技术成本。对于各营业分部来说，这些成本是各分部共同消耗的资源，属于间接成本。站在各个分部的立场来看问题：如果这部分间接成

本能由公司共同提供的话，肯定要比由各分部各自分担更加符合各个分部的局部利益。但是那样不符合所获得收入应与所消耗资源相匹配的因果关系，也不利于增强责任中心的成本控制的动机，因而在计算各个分部营业利润时，将间接成本分配到各个分部去抵减利润是合理而必须的。

在大部分组织中，对由多个使用者所共享的资源成本，都要做出分配。在王凯的公司这则案例中，研究与开发费用、人力资源和信息技术成本是三个营业分部所共同产生的间接成本，因为这些成本都是由公司总部所支付的、针对这三个分部提供服务的成本。这三个分部可以称作是三个责任中心。间接成本需要分配给这些责任中心，以便完成对其内对外的财务报告的编制，以及对责任中心的工作进行评价绩效。如前所述，在对公司各分部信息披露的程度上面，管理人员有相当大的自由选择权。例如，王凯的公司可以选择用毛利或经营利润来报告分部的信息。如果投资人联络组选用毛利来报告各个分部，则不需要将这部分的共同成本进行分配，而可以直接把它计入“公司/其他”分部。把全部间接成本分配到“公司/其他”分部，会使各营业分部的业绩保持不变，并使王凯和他的小组不必担心任何由于成本分配产生的纠纷和问题。这样做也会减少营业分部的经理人们的业绩焦虑。对于那些消极处事的和事老而言，也会认为这是一种最佳选项。

以毛利来报告各个分部的情况，会得到表 1 – 4 的结果：

表 1 – 4　　单位：元

分部名称	收入	直接费用	分配前利润	利润率（%）
机械分部	6 952 000	4 792 000	2 160 000	31
创新分部	1 265 000	658 000	607 000	48
企业分部	623 000	677 000	(54 000)	(9)
公司/其他部门	68 000	2 386 000	(2 318 000)	0
分配后合计	8 908 000	8 513 000	395 000	4

但是，许多高层管理人员认为，间接成本必须加以分配。为什么呢？因为这样做能改变分部经理们的激励因素，随之改变他们的行为。如果分部经理人员对间接成本的多寡没有决定权，而且那些成本也并不分配到他们的分部去，那么经理人员会要求享有更多的间接资源。例如，机械分部的经理，可能向信息技术部索取报告书，尽管这些报告书当前对他没有用处；如果机械部对为本分部编制的每一份报告书都要付钱，那么就会促使这位经理帮助 IT 部门分辨并清除没有用处的报告书。“成本分配程序”相当于一种内部税收制度，为了减少来自内部的“税收”，分部经理们就需要对发生的间接成本进行关注，减少不必要的耗费。

在间接成本分配的时候，用什么指标用作分配基础也很重要。要把表 1 – 3 中的间接成本分配给三个分部，首先我们必须确定对这三类成本是否应该使用单一的分配基础，还是采用多种类的分配基础进行考虑。理论上，分配基础的选用应该能反映出各分部各自是如何消耗间接资源的。采用同一个分配基础，未必能最好地反映出各自资源的消耗情况；大家对不同的各类成本所选用的分配基础选择，可能会有相当大的差异。比如，有人可能考虑使用采购订单数量作为分配基础。如果分部每增加一份采购订单，该分部所分得的成本就会增加一份。通过这种方法，王凯的小组就可以促使分部经理，找到减少采购订单数量的方法。而人们经常采用收入作为共同的分配基础，这样的方法并不能直接反映各个分部的资源耗费情况，但是简单易行。我们的讨论应该聚焦在证明自己所选择分配基础的合理性上。应该强调，不论采用什么分配方法，公司总的利润总是维持不变。销售收入是被频繁采用的一种间接成本分配基础。表1-5列示了王凯团队以收入为分配基础的进行间接成本分配情况。

表1-5　　单位：元

分部名称	收入	费用合计	分配后利润	利润率（%）
机械分部	6 952 000	5 942 342	1 009 658	15
创新分部	1 265 000	867 319	397 681	31
企业分部	623 000	780 087	(157 087)	(25)
公司其他部门	68 000	923 252	(855 252)	0
分配后合计	8 908 000	8 513 000	395 000	4

有许多人把这一分配视为最公正的做法。事实上，这种成本分配方法是以各分部负担成本的能力作为分配的基础，而负担成本的能力是以相对的收入数来衡量的。我们不得不考虑一个问题：负担成本的能力是否适合作为成本分配决策的根据？

我们可以通过制订分配的标准，来衡量是否尽到了这些责任。合乎情理的分配标准有：①理想上，在分配基础和被分配的成本之间，存在着合乎逻辑的因果关系；②成本分配应该能提高决策的相关性和信息的有用性。在管理会计课程中，在讨论作业成本法（ABC）时，常常讨论到因果关系这一标准。大家可以在案例讨论的时候提出其他用以做出“公正”的分配标准。

在决定如何分配间接成本时，需要考虑的另外一个因素是，某项特定的分配方案是“孤立”的还是“非孤立的。”如果分配给一个分部的分配额不会受其他分部的业绩的影响，那么这项分配就是孤立的。孤立的分配采用预定的、与实际业绩无关的分配率。比如：建筑物的维护成本按各营业分部使用面积所占用总面积的比率做为预算费率进行分配，那么这项分配就是孤立的，在这样孤立的分配制度下，各个部门之间的合作与支持就会被削弱。在“非孤立”分配制度下，分配到某个分部（例如“机械”分部）的成本，取决于“创新”和“企业”分部的营业业绩。例如，如果公司的任何间接成本是以销售收入为基数分配给各营业分部的话，“创新”和“企业”分部的收入越高，则分配给“机械”分部的成本就越少。因此，在“非孤立”的分配制度下，各分部经理就有动机与其他分部经理人员互相合作，而不采取对抗态度。如果“机械”分部经理能够增加另外一个或两个分部的收入而不减少“机械”分部的盈利，那么他或她就会增加其他分部的间接成本分摊额。

请大家在选出的分配基础之后，预期会产生怎么样的行为后果，并指出分配的结果是孤立的还是不孤立的。

二、分配方法确定以后的业绩衡量指标考虑

在选择了合理公平的分配基础以后，就可以定量地把间接成本分配到各个分部，计算出他们的各自的营业利润。但是如何使用该利润来衡量分部的业绩，也是我们需要考虑的问题。是使用绝对的利润率还是其他标准来衡量分部业绩呢？我们已经知道最好的衡量业绩的方法，是把实际业绩（例如实际的利润率）与预算业绩相比较。而预算业绩又是建立在该

分部分配基础的预算使用量、以及这些分配基础的单位预算成本上的，那么如果各个分部的经理人能够减少自己分部所耗用的分配基础的数量，他们的实际利润率就会超过预算利润率，这样就能够调动他们控制成本、减少间接成本的积极性，以控制间接成本耗费来提高自己部门的业绩评估结果。

三、分部财务报告编制及道德问题

财务报告是承载财务信息的载体，报告使用人能通过财务报告了解相关信息。但是我们必须认识到，编制财务报告的人也掌握有一定的选择权，这就使其编制人在一定程度上可以主观故意地影响所披露的信息。

从编报职责上看：报告者的主要职责通常有两项：第一是评估职责：报告者对被报告人（分部及分部管理人员）负有做出正确的评估和衡量其业绩的责任。在负责任地评估业绩时，“客观”和“公正”是两项首要原则。第二是编报的沟通职责：报告者同被报告人之间应当正确和诚实地沟通，最大限度地反映真实情况，报告者对此负有责任。

从财务报表编报动机上看：编报过程中的行为动机并不唯一，可能有的动机有三个主要类别：首先是经济动机，有些人在行动中，会从个人利益出发，遵循个人的“成本－效益”的动机，经济动机比较常见的有薪酬动机和职业保障（升职）动机；其次还有社会动机：比如在做错事时不希望被别人看到，社会动机还可以包括对权利的服从和群体压力；最后是道德动机：有些人不希望做他或她认为是错误的事。而这种种动机中，经济和社会动机可能与报告者的道德动机和责任相冲突。

对报告者所具备的素质要求：主要包括专业胜任能力和道德品质。胜任能力的包括，报告者具备足够的智力和专业水平以及谨慎的态度能够为对业绩做出适当的评估并做出报告。不仅如此，为了正确地报告信息，报告者还需要诚实和正直的品格。为了做到把信息只向适当的团体审慎披露，也需要报告者具有保密的敏感和自觉。

而道德方面，如果报告编制者把个人利益与报告的使用者、被报告人和社会公众所承担的责任放在对立的位置，并且倾向于个人利益的获得，那么报告的编制过程就会受到他的自私的动机和计划的不良影响。例如，王凯可能会通过使用某种分配方式施加影响力去改善分部业绩，来“帮助”他的上级和公司完成营销方面的目的。这可能帮助他取得较好的工作业绩和获得提升的评估，因为他这样做能向他的上级表明，他是个具有团队精神、忠于领导的人。王凯也可能存有私心，做出有偏见的分配，以帮助像陈小东这样的朋友，令他在业绩评估的过程从三位分部经理中胜出。

但是我们应当明白，作为一个合格的会计人员，必须履行职业责任而牺牲个人利益，这应该是一项关键性的、高于一切的方针。坚持不渝地履行这些责任，就能培养信任，而信任是所有成功的基础。

第四步：对所分析问题做出具体的决策建议

在本案例中，我们从王凯的角色出发，对问题进行发现、分析和考量，但同时也要求我们从全局的视角来审视和讨论案例的发生环境、影响要素和解决方案。在上一步案例具体分析的过程中，我们已经对问题进行了全方位的分析。最后我们回到王凯的角度上，选择一个成本分配的标准，而后分配间接成本，案例解决方案并不唯一，但是大家在进行讨论的时候要详细介绍自己方案的合理性，并撰写给公司的报告，对各个分部管理人员进行绩效评估。

第二章　成本控制与优化设计

学习目标

知识目标：

通过本章学习能够理解变动成本法、作业成本法以及标准成本法的基本原理、原则与程序，并通过案例了解不同成本法下成本的核算，以及不同的核算方法对于企业成本控制的意义。

能力目标：

能够在案例分析的过程中利用成本控制的概念与程序，准确计算在变动成本法下的成本，分析变动成本法与完全成本法产生成本差异的原因；能够在具体案例中，通过对作业和资源进行分析，掌握作业成本法的计算程序，掌握作业成本法的运用流程；能够以预先制定的标准成本为基础，用标准成本与实际成本进行比较，核算和分析成本差异的计算方法；进行案例分析时可以对成本差异进行因素分析，查明差异产生的原因和责任，并据以提出建议，做出总结，为企业的成本控制和成本优化提供决策依据。

本章教学建议

本章围绕管理会计中的变动成本法、作业成本法以及标准成本法进行案例分析，每节内容安排2～3个案例，教师可以选取部分案例进行讲解，帮助学生回顾复习知识点，也可以在课前将部分案例分析资料布置给学生，要求学生在课前做充分阅读并形成自己的阅读提纲；并根据自己的判断进行相关计算和表格的制作，而后课堂上以不同小组为单位，进行案例解决方案讨论，先陈述本小组所选择方法及理由，后通过PPT展示分析数据，并给出本小组结论；其他小组同学可在这个过程中提问或质疑，教师做简短点评。

书中所给案例分析过程及结论旨在为学生提供分析思路，展示分析方法，其答案并不固定唯一。

第一节　变动成本法案例分析

本节内容主要通过案例学习，了解变动成本法与完全成本法的内涵和计算程序，要求能够分析两种成本法下利润表的差异，从而掌握两种成本核算方法的异同点以及各自的优缺点。

案例一

【案例描述】

GRACE BRAIN 公司是一家中型学习用品生产厂家，表 2－1 反映了 GRACE BRAIN 公司在 20×1 年的产品“学习通”的成本以及产销量情况。

表 2－1　**20×1 年“学习通”的产品成本**

生产量（件）	4 500
销售量（件）	3 600
销售单价（元）	18
期初存货（件）	0
直接材料（元）	18 000
直接人工（元）	13 500
变动性制造费用（元）	5 000
固定性制造费用（元）	8 500
变动性推销及管理费用（元）	9 000
固定性推销及管理费用（元）	4 500

公司内部会计系统采用了完全成本法和变动成本法来核算该产品的成本，作为新来的实习生，你需要在指导老师的帮助下，熟悉并完成以下工作：

1. 分别用完全成本法和变动成本法计算该产品的单位成本。
2. 分别用两种方法计算本年度该产品的期末存货成本。
3. 分别用两种方法计算本公司的本年度利润（分别用利润表体现）。

并向老师解释两种成本法计算结果之间的差异。

【案例阅读分析】

完全成本法是指按照公认会计准则（GAAP）的要求，将变动制造费用和固定制造费用都分配到产品中的方法，完全成本法的认为，公司生产产品不能离开固定成本，所以固定成本是构成产品成本的重要组成部分。一般企业的成本核算人员偏好使用完全成本法。

所谓变动成本法，是指在计算产品成本时，产品成本中只包括在生产过程中所消耗的直接材料、直接人工和变动性的制造费用，而不包括固定性制造费用，固定性制造费用作为期间成本在发生的当期全额从收入中扣除。一般企业的管理会计人员以及销售管理人员偏好使用变动成本法来制订计划和做出决策。

本案例中，在不同核算方法下的成本计算方法不同，完全成本法下的单位成本需要将固定性制造费用计入产品成本，而变动成本法下则需要将这部分成本从产品成本中剔除。

在 20×1 年，GRACE BRAIN 公司没有期初存货，本年度生产 4 500 件产品，销售 3 600 件产品，也就意味着年末公司有 900 件期末存货。在已经求得单位产品成本的基础上，期末存货成本也就呼之欲出。

两种不同的成本核算方法其最终计算利润的步骤不同，利润表格式也不尽相同，变动成本法下使用的是贡献式利润表，完全成本法下使用职能式利润表。

【数据分析】

（一）单位产品成本的计算：

$$单位产品变动生产成本=\frac{18\ 000+13\ 500+5\ 000}{4\ 500}=8.1（元）$$

$$单位产品完全生产成本=\frac{18\ 000+13\ 500+5\ 000+8\ 500}{4\ 500}=10（元）$$

（二）期末存货成本的计算：

变动成本法下期末存货成本 $=8.1\times(4\ 500-3\ 600)=7\ 290$（元）

完全成本法下期末存货成本 $=10\times(4\ 500-3\ 600)=9\ 000$（元）

（三）本年利润的计算：

我们借助两种格式的利润表来进行利润的计算，表 2－2 和表 2－3 分别给出变动成本法下的利润表（贡献式利润表）和完全成本法下的利润表（职能式利润表）。

表 2－2 贡献式利润表

项目	金额（元）
销售收入	64 800
减：变动生产成本	29 200
生产阶段边际贡献	35 600
减：变动管理费用及变动销售费用	9 000
边际贡献	26 600
减：固定制造费用	8 500
固定销售费用及固定管理费用	4 500
营业利润	13 600

表 2－3 职能式利润表

项目	金额（元）
销售收入	64 800
减：销售成本	36 000
销售毛益	28 800
减：销售费用及管理费用	13 500
营业利润	15 300

【结论及建议】

通过上述数据分析，我们得出 GRACE BRAIN 公司在 20×1 年，在变动成本法下的利润为 13 600 元，完全成本法下的利润为 15 300 元。为什么同一个公司在同样的经营年度利润不同呢，这是因为在变动成本法下计入当期损益的固定性制造费用就是本期发生的全部固定性制造费用，而在完全成本法下，当期发生的全部固定性制造费用是分派到了每一个产成品之上，而全部产品并没有在本期实现销售，也就因此没有完全计入当期损益中，对于本案例中 GRACE BRAIN 公司而言，没有期初存货，因此计入当期损益的固定性制造费用是本期发生的固定性制造费用减掉期末存货吸收的固定性制造费用之后的费用。

【案例扩展问题】

通过 GRACE BRAIN 公司的案例能否说明变动成本法下的利润一定小于完全成本法下的利润？这一陈述在什么情况下才能成立？

【案例小结】

两种成本计算方法的区别为：应用的前提条件不同、产品成本以及期间成本构成不同，利润确定的程序不同，提供信息的用途不同。

案例二

【案例描述】

GRACE BRAIN 公司为了扩大企业业务范围，决定为刚入学的学生生产学习桌“小福星”，我们发现在 20×1 年 1 月，公司刚开始投产“小福星”产品，1 月只产销“小福星”产品，产量为 50 件，销量为 30 件，月末结存 20 件。“小福星”这款学习桌的销售单价为 1 000元。经过公司的核算，发现该种产品的有关成本资料如下：产品生产的直接材料 5 000 元，直接人工 3 500 元，变动性制造费用 1 500 元，固定性制造费用 2 000 元，管理费用 4 000元（其中变动性管理费用 1 000 元），推销费用 2 000 元（其中变动性推销费用 1 000 元）。

由于该产品为今年新投产产品，公司高层管理人员要求针对该产品进行成本核算。作为财务人员，你将如何进行该产品的成本核算？

【案例阅读分析】

本案例中，并未指明需要用哪种方法进行成本核算，由案例可知，该学习桌为本年新投入产品，因此前期投入的生产线等机器设备的费用占比较大，而企业高层管理人员需要了解产品的成本，建议同时计算两种成本法下的成本，完全成本法下的成本用于观测企业基于 GAAP 的成本，变动成本法下的成本用于判断产品销售情况，给公司领导提供多维度的数据支持。

因此本案例将问题转化为在两种不同的成本计算方法下的进行成本核算，其计算过程为：首先计算产品成本和单位产品成本，而后计算期末存货成本，最后计算公司利润。

【数据分析】

1. 产品成本和单位产品成本。

（1）变动成本法。

产品成本 = 直接材料 + 直接人工 + 变动制造费用

= 5 000 + 3 500 + 1 500 = 10 000（元）

单位产品成本 = 200（元/件）

（2）完全成本法。

产品成本 = 直接材料 + 直接人工 + 全部制造费用

= 5 000 + 3 500 + 1 500 + 2 000 = 12 000（元）

单位产品成本 = 240（元/件）

2. 计算期末存货成本。

（1）变动成本法：期末存货成本 = 单位变动产品成本 × 期末存货量

= 200 × 20 = 4 000（元）

（2）完全成本法：期末存货成本 = 单位完全产品成本 × 期末库存货量

= 240 × 20 = 4 800（元）

3. 计算营业利润。

（1）变动成本法。

贡献毛益 = 销售收入总额 − 变动成本总额

= 1 000 × 30 −（200 × 30 + 1 000 + 1 000）= 22 000（元）

营业利润 = 贡献毛益 − 固定成本 = 22 000 −（2 000 + 3 000 + 1 000）

= 16 000（元）

（2）完全成本法。

销售毛利总额 = 销售收入总额 − 销售成本总额

= 1 000 × 30 − [0 +（240 × 50）−（240 × 20）] = 22 800（元）

营业利润 = 销售毛利总额 − 期间成本

= 22 800 −（4 000 + 2 000）= 16 800（元）

【结论及建议】

1. 在变动成本法下，产品成本中不包括固定性制造费用，因此产品成本、单位产品成本较完全成本法低。两者产品成本的差额 2 000 元即为固定性制造费用，当期单位固定性制造费用 40 元。

2. 在变动成本法下，期末存货成本必然小于完全成本法下的期末存货成本，其差额 800 元是期末存货吸收的固定性制造费用（40 × 20 = 800）。

3. 两种方法营业利润的差额是期末存货吸收的固定性制造费用。全部固定性制造费用（2 000 元）由库存商品（800 元）和已销产品（1 200 元）构成，即完全成本法下利润多的 800 元，由库存商品承担。

【案例扩展问题】

通过本例分析结论可知，期末存货是吸收了一部分固定性制造费用的，那么这部分期末存货对连续经营的企业而言，递延到下一个经营周期，即为下一期的期初存货。也就意味着在正常生产经营的存续期，企业拥有期初存货，则其中必然包含了固定性制造费用。在本例中，案例企业没有期初存货，那么假如企业有期初存货，其对企业的利润又有何影响？两种成本法下利润之间，是否依然存在一定的规律？能否根据本案例的数据，提供一份可供分析决策的管理会计报告？

【案例小结】

本案例中涉及的知识点：变动成本法。

本案例中对所涉及知识点应用能力的要求：熟练掌握变动成本法下利润的计算。

案例三

【案例描述】

HARMONY 公司新投入一条生产线，用于生产一款驱蚊产品，经过几年的发展，该产品现在已经能够打开市场，在行业中拥有一定的知名度，我们对其最开始投产的 3 年发展进行回顾，发现在其投入生产的前 3 年，HARMONY 公司每年都按正常的生产能力进行生产，公司引入生产线时设计的正常生产能力为年产 6 000 件产品。最初的 3 年也是公司稳步发展、打开市场的 3 年，第 1 年销量为 6 000 件产品，第 2 年受市场影响，销量有所下滑，年销量为 5 000 件，第 3 年销售部门积极引导市场，且产品有所改进，最终实现年销量 7 000 件产品。经过会计部门核算，该产品的售价为 10 元，且市场较为稳定，产品投入市场以来，产品销售价格并未见明显波动，在生产成本方面，产品的单位变动成本为 5 元，固定性制造费用基于正常生产能力 6 000 件，共计 24 000 元；销售与行政管理费假定全部都是固定成本，每年发生额为 1 000 元。

要求：根据上述材料分别采用两种成本计算方法，确定各年的营业利润，并分析原因。

【案例阅读分析】

本案例主要是针对变动成本法与完全成本法对分期损益的不同影响进行分析。第 1 年是该产品新投入的元年，公司没有期初存货，当年产量与销量基本持平，实现产销平衡；第 2 年公司生产 6 000 件产品，实现销售 5 000 件，在年末结存 1 000 件的期末存货，因此第 2 年公司出现产量大于销量的情况，由于第 1 年公司实现产销平衡，第 2 年公司在经营过程中，期初存货数量为 0；第 3 年公司是如何做到销量大于产量的呢，这是由于将前一年的期末存货和第 3 年的产品一同销售，这就是公司在第 3 年生产 6 000 件却销售 7 000 件产品，即公司出现销量大于产量的情况。

【数据分析】

在本案例中，我们需要针对不同年度的利润进行比较，为了更加直观的进行数据观察，我们采用两种不同的成本核算方法，分别计算营业利润，并分别将 3 年的利润表放在一起进行观察，具体数据如表 2－4 和表 2－5 所示。

表 2－4　　变动成本法下的利润表　　单位：元

项目	第 1 年	第 2 年	第 3 年
销售收入	60 000	50 000	70 000
减：变动成本	30 000	25 000	35 000
贡献毛益	30 000	25 000	35 000
减：固定成本			
固定性制造费用	24 000	24 000	24 000
固定性推销与管理费用	1 000	1 000	1 000
营业利润	5 000	0	10 000

在变动成本法下，HARMONY 公司第 1 年实现利润 5 000 元，第 2 年营业利润为 0，第 3 年实现利润 10 000 元。

表 2－5　　完全成本法下的利润表　　单位：元

项目	第 1 年	第 2 年	第 3 年
销售收入	60 000	50 000	70 000
减：销售成本			
期初存货成本	0	0	9 000

续表

项目	第 1 年	第 2 年	第 3 年
加：本期生产成本	54 000	54 000	54 000
可供销售产品成本	54 000	54 000	63 000
减：期末存货成本	0	9 000	0
销售成本总额	54 000	45 000	63 000
销售毛利	6 000	5 000	7 000
减：推销及管理费用	1 000	1 000	1 000
营业利润	5 000	4 000	6 000

在完全成本法下，HARMONY 公司第 1 年实现利润 5 000 元，第 2 年营业利润为 4 000 元，第 3 年实现利润 6 000 元。

【结论及建议】

第 1 年，两种成本法下的营业利润都是 5 000 元；这是公司产销平衡，且在没有期初期末存货的情况下，两种成本法下的营业利润相等。

第 2 年，变动成本法下的营业利润为 0，完全成本法下的营业利润 4 000 元，两者之间差额为 4 000 元，出现差额的原因，是因为第 2 年年末，公司存在未完成销售的产品，也就是出现期末存货，这一部分期末存货会稀释一部分固定性制造费用，因此造成完全成本法下的营业利润大于变动成本法下的营业利润这一情况；

第 3 年，变动成本法下的营业利润为 10 000 元，完全成本法下的营业利润为 6 000 元，两者之间差额为 4 000 元。本年出现差额的原因是，年初的期初存货，带来一部分上一年的固定性制造费用，且期末没有存货，也就意味着对于完全成本法下的利润核算而言，期初存货释放出来一部分固定性制造费用，造成本期的变动成本法下的营业利润大于完全成本法下的营业利润。

从本案例中我们发现，企业所发生的全部费用没有消失也没有突然出现，而是全部费用中有一部分固定性制造费用隐藏在存货中，对这一部分费用的处理不同造成了营业利润的差异，在完全成本法下，这部分费用随着存货实物转移而转移，而在变动成本法下，这部分费用全都在每一个会计期间进行核算，并没有随着存货实物的转移而转移。因此从较长时间看，企业产销处在产销平衡的状态时，两种成本法下的营业利润的差异可以相互抵销的。

【案例扩展问题】

本案例讨论的是连续各期产量相同而销量不同的情况，假如公司现在处于连续各期销量相同而生产量不等的情况，两种成本法下的利润又有何变化？

通过分析似乎可以得出：产量不变，销量变动影响的是收入的多少；若销量不变，则每年的营业利润不变。

请同学们思考：若产量并不一定维持不变，销量增加，且市场单价及其他条件保持不变，利润是否一定增长？

【案例小结】

本案例中涉及的知识点：不同会计期间变动成本法和完全成本法下的营业利润的计算。

本案例中对所涉及知识点应用能力的要求：变动成本法和完全成本法的优缺点。

第二节　作业成本法案例分析

案例一

【案例描述】

Q食品公司是一家有前景的民营企业，主营业务为食品制造。公司20×1年净利润率低于省内同业均值19%。公司目前的成本管理体系：一是直接成本核算与管理。Q公司的直接成本包含原料、包装、直接人工、设备采购等购置，在总体成本中总和占比42%～57%。核算方法主要是依据市场调研制定价格计量区间和预期产品生产数量，定价方式依据市场同类产品价格而定。其目前采用的成本控制方法，主要以提高市场调研精度、提高预算水平、采用人工绩效核算员工薪酬等方法。二是间接成本核算与管理。Q公司的间接成本包括辅助材料、水电费、燃气费以及设备厂房折旧造成的开支，在总体成本中占比合计28%～35%。辅料主要包括添加剂等，其他间接成本项目与一般企业差异不大。表2－6为Q食品公司成本项目的具体构成。间接成本的核算方式为平均摊销，且以手工核算为主。目前，Q公司初步尝试了对间接成本加以控制，但收效不大。其主要采取缩短工时、提高辅料管理水平、提高设备检修率等途径，方法相对传统，效果不显著。

据此，请你引进作业成本，转变成本管理思路，为提升成本控制精准度提供设计方案。

表2－6　　Q食品公司成本项目构成表

生产流程	成本项目	成本类别
原料采购	面粉、果仁、添加剂辅料等	直接成本
产品生产	搅拌、烘焙、塑模、	直接成本＋间接成本
产品包装贮藏	机械折旧、人力开支、水电等	直接成本＋间接成本

【案例阅读分析】

从总体上看，Q食品公司虽然尝试对直接成本和间接成本加以管理，但缺乏有效的目标成本，使得成本管理缺乏目标导向。Q食品公司对现代企业代理制的贯彻程度有限，绩效评价体系缺失，人力等成本的绩效管理落后，不仅影响总体成本核算精准度，也影响对成本管理效能的精确评价，对此公司亟待建构可行的成本管理体系，而作业成本法则是其建构成本管理体系的可取选择。我们在《管理会计》的学习过程中已经学过利用作业成本法用来帮助我们进行成本分析的方法。结合作业成本法的基本程序，设计成本管理方案。

【数据分析】

一、划分作业及作业中心

依据Q食品公司的月饼生产品类和步骤，将油糖皮月饼（134.32吨）、酥皮月饼（899.23吨）以及糖浆皮月饼（688.32吨）作为成本计算对象。结合上述产品生产过程中间接成本的构成要素和生产步骤，分别建立原料采购中心、事前处理中心、烘烤中心、饰皮处理中心、辅料添加中心、冷却包装中心和贮藏管理中心等。将上述作业中心的成本动因进行分析，主要对辅料（千克）、人工（小时）、水（吨）、电（千瓦时）、燃料（吨）和折旧（万元）等费用进行归集和分配。

二、建构成本库

通过对作业及作业中心进行分析，建构了 Q 食品公司的作业成本库。归集分配各中心作业成本入各作业成本库，计算结果见表 2－7。

表 2－7 **Q 食品公司成本库** 单位：万元

作业中心	人工	辅料	水	电	燃料	固定折旧	合计
原料采购中心	23.21	—	—	—	—	—	23.21
事前处理中心	22.32	—	15.98	28.76	—	17.23	84.29
烘烤中心	5.66	—	—	13.32	34.23	8.99	62.2
饰皮处理中心	4.32	—	—	8.92	12.39	8.92	34.55
辅料添加中心	4.29	12.23	—	—	—	—	16.52
冷却包装中心	6.03	13.46	5.67	12.2	9.87	3.98	51.21
贮藏管理中心	4.32	12.98	4.98	10.87	7.09	8.23	48.47
总计	320.45						

三、间接成本分配及最终成本计算对象的成本总额归集

按照不同产品的作业量，根据成本动因，对不同作业中心成本额计算见表 2－8。

表 2－8 **Q 食品公司作业成本计算表** 单位：万元

作业中心	作业成本			作业量	成本合计
	油糖皮月饼	酥皮月饼	糖浆皮月饼		
原料采购中心	6.77	9.23	7.21	121.21	23.21
事前处理中心	27.34	31.21	25.74	344.32	84.29
烘烤中心	22.12	30.12	9.96	1 453.45	62.2
饰皮处理中心	12.24	15.24	7.07	231.34	34.55
辅料添加中心	5.23	6.21	5.08	455.67	16.52
冷却包装中心	22.12	17.23	11.86	4 873.2	51.21
贮藏管理中心	18.23	20.12	10.12	342.12	48.47
总计	114.04	129.36	77.05	—	320.45

四、传统成本核算体系与作业成本法对比

将表 2－8 中的成本按照作业成本法进行计算，得到的间接成本计算量与 Q 食品公司传统成本核算体系下发生的直接成本和间接成本进行对比，具体见表 2－9。

表 2-9 Q 食品公司月饼生产成本对照表 单位：万元

	油糖皮月饼	酥皮月饼	糖浆皮月饼	成本总量
直接成本（传统）	154.23	177.21	102.88	789.64
间接成本（传统）	133.21	119.23	79.23	
直接成本（作业成本法）	154.23	177.21	102.88	754.77
间接成本（作业成本法）	114.04	129.36	77.05	
成本差额	19.17	（10.13）	2.18	34.87
成本差异率	6.67%	（3.41%）	11.20%	4.41%

【结论及建议】

通过对 Q 食品公司采用成本作业法进行成本管理的效果分析可见，其在月饼生产成本管理中提高了间接成本的管理水平。综合来看，其累计成本差额为 34.87 万元，成本差异率达到 4.41%，虽然与预期的 5% 存在部分差距，但说明以作业成本法提高 Q 食品公司成本控制水平，有一定可行性。至于进一步提高成本控制力度，则需要对直接成本和间接成本进行协同控制，多重成本管理方法并用，提高 Q 食品公司的盈利程度。

【案例扩展问题】

作业中心应如何进行划分？划分不好的话，成本动因识别将出现什么问题？

【案例小结】

本案例中涉及的知识点：作业成本法。

本案例中对所涉及知识点应用能力的要求：熟练掌握作业成本法的程序。

案例二

【案例描述】

B 企业是一家物流上市公司，是以提供劳务、服务为主。物流成本主要包括职工薪酬、经营过程中的管理费用、承揽业务费、财务费用和经营过程中的合理损耗等。物流成本中包含了大量的间接成本。某月采购 10 000 个单位甲材料、3 000 个单位乙材料，库存中尚存甲材料 4 545 个单位、乙材料 455 个单位。该月采购甲、乙两种原材料的服务资源费用为 44 565元，其中人工费 10 500 元、电费 3 835 元、折旧费 24 030 元、办公费 5 200 元、存货占用资金利息费 1 000 元。作为财务主管你需要将作业成本法与传统成本法进行对比分析，思考是否需要将企业的传统成本法替换成作业成本法？假如更换有哪些优势？

【案例阅读分析】

在这个案例中，你需要通过对比作业成本法和传统成本法来判断哪种核算方法更适合物流企业成本核算。B 企业间接成本较多，在间接成本的核算上，作业成本法要优于传统成本法。同时，因为物流业是以提供劳务、服务为主，而非产品制造，在提供劳务、服务上，物流业各环节分界较为明显。因此，在将资源分配到作业时，物流成本的计算并不复杂。因此，作业成本法对于物流成本核算，理论上是适用的。接下来需要确定资源和资源动因并计算其物流作业成本，再计算传统成本，进行对比分析以得出结论。

【数据分析】

1. 确定资源和资源成本动因。通过分析采购业务流程，确定采购的资源和资源动因分别为人工费，其资源动因是员工人数；电费，其资源动因是耗电度数；折旧费，其资源动因是设备价值；办公费，其资源动因是作业量；利息费，其资源动因是存货价值。然后建立作业成本库，如表 2－10 所示。

表 2－10　　各作业成本库分配表　　单位：元

作业资源	购货	收货	验货	票款处理	存储	一般管理	合计
人工费用	2 200	1 600	2 400	1 600	700	2 000	10 500
电费	200	1 100	1 200	175	1 000	160	3 835
折旧费	2 430	3 460	6 890	800	8 650	1 800	24 030
办公费	1 000	300	1 400	400	1 200	900	5 200
利息费	—	—	—	—	1 000	—	1 000
合计	5 830	6 460	11 890	2 975	12 550	4 860	44 565

2. 确定作业成本动因，并将作业成本按照作业成本动因分配到甲、乙两种原材料上。其物流作业成本计算，如表 2－11 所示。

表 2－11　　物流作业产品计算表　　单位：元

作业项目	作业成本	作业量	作业成本动因分配率	甲材料		乙材料	
				作业量	金额	作业量	金额
购货	5 830	116	50.26	24	1 206	92	4 624
收货	6 460	170	38	150	5 700	20	760
验货	11 890	13 000	0.915	10 000	9 150	3 000	2 740
票款处理	2 975	340	8.75	40	350	300	2 625
存储	12 550	18 000	0.7	14 545	10 182	3 455	2 368
一般管理	4 860	18 000	0.27	14 545	3 927	3 455	933
合计	44 565	—	—	—	30 515	—	14 050

3. 按传统成本法核算物流成本。

按照采购材料数量分配物流成本：

$$物流成本分配率 = \frac{44\ 565}{10\ 000 + 3\ 000} = 3.428$$

甲材料物流成本 = 3.428 × 10 000 = 34 280（元）

乙材料物流成本 = 44 565 － 34 280 = 10 285（元）

4. 作业成本法与传统成本法核算比较分析。

表 2－12　　结果对比表　　单位：元

	作业成本法	传统成本法	差额
甲材料	30 515	34 280	(3 765)
乙材料	14 050	10 285	3 765

如表 2－12 所示，在这个案例里，作业成本法与传统成本法存在很大差异。同时，从这

个案例中可以得到作业成本法相较于传统成本法的两个优势。

第一，以成本项目作为核算对象。如果把传统成本法的核算做得更细致一些，也只是以物流成本的支付形态作为核算对象；在作业成本法的核算中，是以成本项目作为物流成本的核算对象的，这样可以清晰地看到各作业消耗的成本，有利于进行更细致的物流成本管理。

第二，分配标准的改进。在分配物流成本时，传统成本法只根据材料数量进行分配，分配标准单一。对于物流成本而言，并不只有材料数量这一个影响因素。作业成本法是根据各资源动因、各作业动因分配的。相较于传统成本法而言，作业成本法提高了核算的准确性和灵活性。

但不可忽视的是，作业成本法比传统成本法工作量要大，会增加企业的管理成本。同时，作业成本法和传统成本法核算误差较大，但作业成本法核算更为准确。因此，对于物流业务占比较大的企业，使用作业成本法是非常有必要的。对于物流业务较少的企业，可以结合其他情况，综合考虑是否继续使用传统成本法。

【结论及建议】

无论是在理论上，还是案例中，作业成本法相对于传统成本法而言，在物流成本核算上，都具有明显优势。但是作业成本法会增大会计人员的工作量，因此，企业应结合自身条件，综合考虑是否选择作业成本法进行成本核算。

【案例扩展问题】

资源和资源动因如何确定？有没有更优化的选择？在其他产业作业成本法是否优于传统成本法？

【案例小结】

本案例中涉及的知识点：作业成本法、物流成本、资源与资源成本动因、作业成本动因。

本案例中对所涉及知识点应用能力的要求：熟练掌握作业成本法计算方法以及与传统成本法的对比分析。

第三节　标准成本法案例分析

案例一

【案例描述】

东达机床附件厂有职工 800 人，主要产品为拖链，月生产能力为 800 只。该厂生产设备落后，成本管理较差。企业年初采用标准成本制度进行成本控制，为缩短与先进水平之间的差距，该厂以同行业的先进水平作为制定成本标准的依据，修改原有的定额指标，并以此考核职工的业绩。

制定产品各成本项目的标准如表 2－13、表 2－14、表 2－15 所示。

表 2－13 材料成本项目标准表

	标准用量（千克）	标准价格（元）	标准成本（元）
铸铁	20	0.50	10
合金钢	5	2.60	13

表 2－14 人工工资成本项目标准表

	标准工时	标准工资率	标准成本（元）
平均工资级别	180	0.5	90

表 2－15 制造费用成本项目标准表

变动制造费用			固定制造费用		
标准分配率	标准工时	标准成本	标准产量（件）	预算费用	标准成本（元）
0.1	180	18	800	32 000	40

企业对变动成本实行弹性控制，对固定成本实行总额控制。

1. 该企业 7 月份计划产量 800 件，预算标准变动成本 1 048 000 元，固定成本 32 000 元，预计总成本为 136 800 元。标准单位成本为 171 元。

实际执行的结果超过了预计的范围：实际成本高达 148 757 元，与标准总成本（实际产量 × 单位标准成本）比较成本差异达 15 377 元。为此，厂长派你深入各部门了解情况，分析成本差异，提出意见。

2. 从财务科了解到，自实行标准成本制度以来，今年 1～6 月份的成本情况如表 2－16 所示。

表 2－16 企业 1～6 月份成本表 单位：元

月份	标准成本			实际成本		
	变动成本	固定成本	合计	实际产量	实际总成本	单位成本
1	140 800	32 000	136 800	800	141 600	177
2	130 490	32 000	135 490	790	142 200	180
3	102 180	32 000	134 180	790	139 620	179
4	104 800	32 000	136 800	800	144 800	181
5	100 870	32 000	132 870	770	141 680	184
6	120 180	32 000	134 180	780	145 080	186

7 月份的产量和成本资料如下：

（1）实际产量：780 件。

（2）材料耗用：铸铁 18 000 千克实际成本为 9 000 元；合金钢 4 400 千克实际成本为 1 220元。

（3）工资支出：实际工时：144 300 小时；实际工资：74 593 元。

（4）变动制造费用：15 444 元。

（5）固定制造费用：37 400 元。

从劳资科了解到：7 月份按国家规定给职工增加了工资，平均每人增加 4 元，共 3 200 元，其中生产工人 2 400 元，管理人员 800 元。

从生产计划科了解到，有近 60% 的职工未能完成生产定额，厂里经常组织工人加班，并发给加班工资。

从供应科了解到，供应单位提高了合金钢的价格，每千克提高 0.20 元。

从设备部门了解到，上月新增两台设备，每台 100 000 元，月折旧率 4‰，替代 4 台不适用的旧设备，每台原值 30 000 元，月折旧率 4‰，新设备使用后，旧设备未及时处置。

另外，本月支出的各种捐款、资助费、社会事业费等计 3 000 元，比上月增加一倍，其它情况同上月份相差不多。

在深入各部门的过程中，还听到一些人对成本标准的议论：有人认为标准制定得不合理，也有人认为标准是合理的，主要是执行的原因；也有人认为标准反映基本情况，有些情况是难以估计的，所以偏离标准是正常的，等等。对现行的标准提出评价；如要修改标准，你认为在何种水平较好？

【案例阅读分析】

在这个案例中，可以发现，大家对于现行的成本标准意见不一致：有些人认为标准制定得不合理，有些人认为标准制定得合理。标准成本的制定通常只针对产品的制造成本，不针对期间成本。由于产品的制造成本是由直接材料、直接人工、制造费用三部分组成，与此相适应，产品的标准成本也就由上述三部分组成。所以对于这个问题来说，我们需要通过计算直接材料、直接人工以及制造费用的差异，并且对产生差异的原因分析，才能对现行的标准提出评价，以及确定修改水平。

【数据分析】

数据计算过程和不同成本项目的成本分析差异，在本案例中，我们针对材料成本差异、人工成本差异、变动制造费用差异、固定制造费用差异逐项进行分析：

（1）材料成本差异。

材料价格差异：

铸铁：9 000 − 18 000 × 0.5 = 0（元）

合金钢：12 320 − 4 400 × 2.6 = 880（元）

材料用量差异：

铸铁：（18 000 − 780 × 20）× 0.5 = 1 200（元）

合金钢：（4 400 − 780 × 180）× 2.6 = 1 300（元）

材料成本差异合计为：3 380（元）

（2）人工成本差异。

人工工资率差异：74 593 − 144 300 × 0.5 = 2 443（元）

人工效率差异：（144 300 − 780 × 180）× 0.5 = 1 950（元）

人工成本差异合计：4 393（元）

（3）变动制造费用差异。

变动制造费用产量差异：15 444 − 144 300 × 0.1 = 1 014（元）

变动制造费用效率差异：（144 300 − 780 × 180）× 0.1 = 390（元）

变动制造费用差异合计：1 404（元）

（4）固定制造费用差异。

固定费用预算差异：37 400 − 32 000 = 5 400（元）

固定费用产量差异：32 000 − (780 × 40) = 800（元）

企业成本总差异：

3 380 + 4 393 + 1 404 + 5 400 + 800 = 15 377（元）

造成数额较大的差异原因有：

（1）不可避免和控制的原因：

①材料提价 400 × 0.2 = 880（元）

②生产工人工资增长率 2 400（元）

③固定费用中的工资增加 800（元）

④新旧固定资产折旧的差额 320（元）

合计 4 400（元）

（2）可以避免的差异：

①老设备及时处置，可减少折旧：4 × 30 000 × 4% = 480（元）

②其他费用 3 000 元，如保持上月水平，可减少 1 500 元。

剔除上述因素后，同前期差不多：15 377 − 4 400 − 480 − 1 500 = 8 997（元）

【结论及建议】

对成本标准的评价：

1. 将实际单位成本与标准单位成本进行比较，发现其偏离较多，且都在一个方向，说明标准定得过高。

2. 制定标准未从本单位实际情况出发。

3. 本案例所制定的成本标准职工完成困难，影响积极性，久而久之，必然对成本控制不利。

4. 因此，大量成本差异存在，一方面说明在成本执行中存在问题，另一方面说明成本标准制定得不恰当。

对于修改成本标准的意见：

1. 根据本单位的实际情况，不宜把成本标准定得太紧，可以根据 1 ~ 6 月份的资料，确定平均单位成本。

2. 根据 7 月份某些费用的变化进行调整。

3. 制定各成本项目的标准。

【案例小结】

本案例中涉及的知识点：直接材料、直接人工以及制造费用标准成本的制定。

本案例中对所涉及知识点应用能力的要求：能够确定熟练掌握各个指标标准成本制定的方法；了解如何修改标准。

案例二

【案例描述】

建设公司存货每月采用加权平均法计价，生产过程中原材料一次性投入，存货永续盘存制度。公司对A产品加工过程无须办理在产品出入库手续，采用平行结转法计算A产品成本，未完工的产品，采用约当产品法，生产A产品需要经过第一、第二和第三个车间方可完工。经公司工程师分析，第一车间加工完毕，能完成A产品的40%；第二车间加工完毕，能累计完成A产品的70%，本步骤完成30%；第三车间完成剩下的30%，第一车间需要领用甲材料，第二车间需要领用乙材料，第三车间无须领用其他材料。为加强成本的管理，公司决定实施标准成本，甲材料标准成本10元/kg，乙材料20元/kg。

生产A产品的标准成本如下：

直接材料：甲材料10×4=40（元），乙材料20×3=60（元）。

直接人工：第一生产车间10元/小时×4=40（元）；第二车间10元/小时×3=30（元）；第三车间10小时×3=30（元）

制造费用：第一生产车间5元/小时×4=20（元）；第二车间10元/小时×3=30（元）；第三车间10小时×3=30（元）

单位标准成本=280（元）

月初原材料数量明细如表2-17所示。

月末存货盘点，账实均相符。

表2-17　月初的原材料数量金额明细表

材料名称	数量（千克）	标准成本	价格差异
甲	1 000	10 000	200
乙	1 500	30 000	(400)

A产品月初在产品如下，第一车间100件，本步骤完工比例50%，第二车间车间80件，本步骤完工比例60%；第三车间100件，本步骤完工比例30%。根据上月产品成本计算单中部分，整理如表2-18所示。

表2-18　费用分配表　单位：元

	直接材料			直接人工			制造费用		
	标准成本	价格差异	数量差异	标准成本	价格差异	数量差异	标准成本	价格差异	数量差异
第一车间	11 200	800	500	9 200	(400)	300	4 600	(300)	(200)
第二车间	10 800	(800)	300	4 440	300	(100)	4 440	(400)	500
第三车间	—	—	—	900	200	(100)	900	(300)	200

本月成本情况：

本月累计购买甲材料10 000kg，98 700元；乙材料7 000kg，144 650元。本月入库产品2 400件，投产2 500件。领用甲材料9 800kg，乙材料7 600kg，第一车间耗时10 000个小时，耗费直接人工费用99 000元，制造费用51 000元，盘点后生产线上在产品200件，本步骤完工比例60%；第二车间耗时7 500小时，耗用直接人工75 000元，制造费用78 000元，盘点后生产线上在产品60件，本步骤完工比例80%；第三车间，耗时7 500小时，耗用直接人工78 000元，制造费用76 500元，盘点发现在产品120件，本步骤完工比例70%。

盘点存货发现甲材料剩余 1 100kg，乙材料剩余 900kg。

审核要点：盘点的甲材料账实不相符，会计上数量为 10 000 +1 000 −9 800 =1 200kg > 1 100kg，经检查发现为计量的错误，经报批管理层批准，税务局允许，该 100kg 作为在产品的产品成本。乙材料账实相符 1 500 +7 000 −7 600 =900（kg），生产的 A 产品也账实相符，100 +80 +100 +2 500 =2 400 +200 +60 +120。

【案例阅读分析】

通过案例阅读我们可以知道，这是一个材料账实存在差异的问题。由于成本差异是指标准价格、数量与实际价格、数量的差额，即价格差异可就材料、人工以及变动费用等三个成本项目分别计算。

直接材料差异包括用量差异和价格差异，其计算公式为：

材料用量差异 =（实际用量 − 标准用量）× 标准价格

材料价格差异 =（实际价格 − 标准价格）× 实际用量

直接材料成本差异 = 实际用量 × 实际价格 − 标准用量 × 标准价格

直接人工差异计算公式为：

人工工作时间差异 =（实际工作时数 − 标准工作时数）× 标准工资率

工资率差异 =（实际工资率 − 标准工资率）× 实际工时

人工成本总差异 = 实际工作时数 × 实际工资率 − 标准工作时数 × 标准工资率

而分析制造费用差异，需要把固定的与变动的成本差异单独计算。

【数据分析】

1. 原材料采购成本。

甲材料的价格差异 =98 700 −10 000 ×10 = −1 300（元）

乙材料的价格差异 =144 650 −7 000 ×20 =4 650（元）

甲材料标准成本 =100 000 +10 000 =110 000（元）

价格差异 =200 −1 300 = −1 100（元）

乙材料标准成本 =3 000 +140 000 =170 000（元）

价格差异 = −400 +4 650 =4 250（元）

2. 产品成本。

（1）第一车间。由于第一车间耗用材料存在计量差异，因此需要增加第一车间耗用原材料甲的数量，耗用的实际数量 =9 800 +100 =9 900（kg），本期投入 2 500 件产品，计算如下：

直接材料 − 甲材料 − 价格差异 = −1 100 ÷11 000 ×10 000 = −1 000 元，

−数量差异 =（9 900 −2 500 ×4）×（110 000 −1 100）÷11 000

= −990（元）

标准成本 =2 500 ×4 ×10 =100 000（元）

期初约当产量 =100 ×50% +80 +100 =230（件）

期末约当产量 =200 ×60% +60 +120 =300（件）

所以当期约当完工的产量 =2 400 +70 =2 470（件）

直接人工 − 价格差异 =2 470 ×4 ×（99 000 ÷10 000）−2 470 ×4 ×10 = −988（元）

−数量差异 =（10 000 −2 470 ×4）×9.9 =1 188（元）

标准成本 =2 470 ×40 =98 800（元）

制造费用 – 价格差异 =2 470 ×4 ×（51 000 ÷10 000）–2 470 ×20 = –988（元）

– 数量差异 =51 000 –2 470 ×4 ×5.1 =612（元）

标准成本 =2 470 ×20 =49 400（元）

注：直接材料数量按照 2 400 +380 =2 780（件）；直接人工和制造费用按照 2 400 +300 =2 700（件）分配，第一车间费用分配情况如表 2 –19 所示。

表 2 –19　第一车间费用分配表　单位：元

		在产品	本月生产费用	合计	分配率	产成品本步骤份额	月末在产品
产成品数量		—	—	—	—	2 400	—
直接材料	标准成本	11 200	100 000	111 200	40	96 000	15 200
	价格差异	800	(1 000)	(200)	(0.07)	(168)	(32)
	数量差异	500	(990)	(490)	(0.18)	(432)	(58)
直接人工	标准成本	9 200	98 800	108 000	40	96 000	12 000
	价格差异	(400)	(988)	(1 388)	(0.51)	(1 244)	(164)
	数量差异	300	1 188	1 488	0.55	1 320	168
制造费用	标准成本	4 600	49 400	54 000	20	48 000	6 000
	价格差异	(300)	988	688	0.25	600	88
	数量差异	(200)	612	412	0.15	360	52
合计	标准成本	25 000	248 200	273 200	—	240 000	33 200
	价格差异	100	(1 000)	(900)	—	(792)	(108)
	数量差异	600	810	1 410	—	1 248	162

（2）第二车间。由条件可知，本月乙材料投入的产量 =100 +2 500 –200 =2 400（件），或者 2 400 +60 +120 –80 –100 =2 400（件）。

直接材料 – 乙材料 – 价格差异 =4 250 ÷8 500 ×2 400 ×3 =3 600（元）

– 数量差异 =7 600 ×20.5 –2 400 ×20.5 =8 200（元）

标准成本 =2 400 ×60 =144 000（元）

直接人工和制造费用的约当产量 =2 400 +60 ×80% +120 –100 –80 ×60%

=2 420（件）

直接人工 – 价格差异 =0（元）

– 数量差异 =75 000 –2 420 ×30 =2 400（元）

标准成本 =72 600（元）

制造费用 – 价格差异 =78 000 –7 500 ×10 =3 000（元）

– 数量差异 =7 500 –2 420 ×30 =2 400（元）

标准成本 =72 600（元）

第三车间，没有领用原材料，所以没有直接材料的成本。

直接人工和制造费用的约当产量 =2 400 +120 ×70% –100 ×30% =2 454（件）

直接人工 – 价格差异 =78 000 –75 000 =3 000（元）

– 数量差异 =75 000 –2 454 ×30 =1 380（元）

标准成本 =2 454 ×30 =73 620（元）

制造费用 - 价格差异 =76 500 -7 500 ×10 =1 500（元）

　　　　 - 数量差异 =7 500 -2 454 ×30 =1 380（元）

标准成本 =73 620（元）

期末成本处理：

月末原材料数量金额账目，如表 2 -20、表 2 -21 所示。

表 2 -20　　月末原材料数量金额表

材料名称	数量（千克）	标准成本	价格差异
甲	1 100	11 000	(110)
乙	900	18 000	450

表 2 -21　　产品成本明细表

单位：元

		第一车间	第二车间	第三车间	总计	单位成本
产品数量		2 400				—
直接材料	标准成本	96 000	144 000	—	240 000	290. 79
	价格差异	(168)	2 616	—	2 448	
	数量差异	(432)	7 896	—	7 464	
直接人工	标准成本	96 000	72 000	72 000	240 000	
	价格差异	(1 224)	288	3 096	2 160	
	数量差异	1 320	2 160	1 248	4 728	
制造费用	标准成本	48 000	72 000	72 000	192 000	
	价格差异	600	3 168	1 152	4 920	
	数量差异	360	2 280	1 536	4 176	
合计		240 456	306 408	151 032	697 896	

【结论及建议】

如果实际成本超过标准成本，则称之为不利差异；反之，若实际成本低于标准成本，称之为有利差异。而我们要做到的就是需要通过计算分析来确定产生差异的原因和责任，采取相应的措施，从而消除不利的差异，发展有利的差异，实现对成本的有效控制。

【案例小结】

本案例中涉及的知识点：通过分别计算材料、人工及变动费用这三个项目来确定成本差异。

本案例中对所涉及知识点应用能力的要求：掌握不同项目的计算方法；如何确定材料成本差异。

第三章　企业经营决策

学习目标

知识目标：

深入理解和掌握经营决策的概念，灵活运用经营决策的方法，了解和掌握经营决策的其他内容和方法；能够从决策分析的基本原理入手，了解短期决策的一些概念和特征，以及经营决策分析常用的专门方法；并结合案例掌握决策分析的基本程序，及决策分析方法的具体运用。

能力目标：

能够在考虑定性差异因素的影响后，遵循“成本效益原则”制定决策；能够在提出决策问题、确定决策目标、设计备选方案、广泛收集信息后，对备选方案实施决策；可以在阅读案例后分析相关信息获得数据，做出恰当的决策以及正确的判断；熟练应用经营决策分析的主要方法，准确计算数值；在决策问题当中，可以针对案例问题提出见解，给出建议。

本章教学建议

本章针对企业经营过程中的部分决策问题进行分析，主要包括生产决策和定价决策，每节内容安排2～3个案例，教师可以选取部分案例进行讲解，帮助学生回顾复习知识点，也可以在课前将部分案例分析资料布置给学生，要求学生在课前做充分阅读并形成自己的阅读提纲；并根据自己的判断进行相关计算和表格的制作，而后课堂上以不同小组为单位，进行案例解决方案讨论，先陈述本小组所选择方法及理由，后通过PPT展示分析数据，并给出本小组结论；其他小组同学可在这个过程中提问或质疑，教师做简短点评。

第一节　生产决策案例分析

案例一

【案例描述】

恒久机床厂历年来生产三种产品：刨床、铣床和专用机床，其实有生产能力的产品生产结构为50%、40%和10%。202×年该厂销售部门根据市场需求进行预测，计划部门初步平衡了生产能力，编制了 202×年产品生产计划，财会部门打算据此进行产品生产的决策。

该厂多年生产的老产品刨床，由于造价高，定价低，长期亏损。尽管是亏损产品，但是市场上仍有其一定的需求量，为满足市场需求，仍继续生产。财会部门根据产品生产计划预测了成本和利润如表 3-1 所示。

表 3-1　　202×年成本—利润预测表　　单位：万元

产品	刨床	铣床	专用机床	合计
销售收入	654.60	630.70	138.30	1 423.60
销售成本	681.90	564.50	106.80	1 353.20
销售利润	(27.30)	66.20	31.50	70.40

厂长翻阅了该表以后，对财会部门提出了这样几个问题：

1. 202×年本厂目标利润能否达到 100 万元?

2. 刨床产品亏损 27.30 万元，影响企业利润，可否考虑停产?

3. 若能增置设备，扩大生产能力，能否增产增利?

带着这些问题，财会部门与销售、生产等部门一起，共同研究，寻找对策。若干天后，他们提出了以下 4 个方案，希望你经过分析比较，确定其中的最佳方案。

A 方案：停止生产刨床，按原计划生产铣床和专用机床。

B 方案：停止生产刨床后，根据生产能力的平衡条件，铣床最多增产 40%，专用机床最多增产 10%。

C 方案：在 202×年产品生产计划不变的情况下，根据更新改造基金情况可投资 100 000 元，增加 4 台设备，使铣床增产 10%。估计新设备使用期为 10 年。

D 方案：在 C 方案基础上挖潜力，进一步平衡生产能力，调整产品生产计划。该厂铣床系列是最近几年开发的新产品，由于技术性能好，质量高，颇受用户喜欢，目前已是市场供不应求的产品。根据市场预测，调整产品生产结构，压缩刨床产品生产计划 30%，铣床在原方案基础上可增产 36%。

另外，财会人员运用回归分析法，在计算出单位产品变动成本的基础上，计算出了变动成本占销售收入的比率。考虑到原材料调价因素，其结果如表 3-2 所示。

表 3-2　　变动成本占销售收入百分比表

产品	刨床	铣床	专用机床
变动成本占销售收入百分比	70%	60%	55%

【案例阅读分析】

通过对该案例的阅读，我们可以知道，这是一个需要确定出最佳方案的问题。在短期决策经营中，由于固定成本通常比较稳定，因而只需要对商品创造的边际贡献进行分析。

尽管单位边际贡献是反映商品盈利能力的重要指标，但在决策分析时，不能以商品的单位边际贡献的大小来作为选择的标准，而应以各种商品所能创造的边际贡献总额或单位时间创造的边际贡献的大小作为选择的依据。

我们应该在以上认知的基础上，通过边际贡献分析来衡量各个备选方案的经济性，从而选出最佳方案。

【数据分析】

1. 计算各产品的变动成本和边际贡献，详细数据如表 3－3 所示。

表 3－3　各产品成本及利润情况明细表　单位：万元

项目	刨床	铣床	专用机床	合计
销售收入	654.60	630.70	138.30	1 423.60
销售成本	681.90	564.50	106.80	1 353.20
变动成本	458.20	378.40	76.10	912.70
边际贡献	196.40	252.30	62.20	510.90
固定成本	223.70	186.10	30.70	440.50
利润	(27.30)	66.20	31.50	70.40

注：销售成本＝变动成本＋固定成本

2. 由于刨床的边际贡献占比较大，A 方案单纯停产刨床，是不可取的。停产后企业会出现亏损 126 万元。

3. B 方案的经济效益，如表 3－4 所示。

表 3－4　B 方案经济效益表　单位：万元

	铣床	专用机床	合计
销售收入	883	152.10	1 035.10
变动成本	529.80	83.70	613.50
固定成本			440.50
利润	—		(18.90)

4. C 方案经济效益如下：

在核算 C 方案的经济效益过程中，我们仅计算将铣床增产 10% 的利润。铣床增产 10%，对应销售收入增加 10%，根据表 3－1 的数据计算，销售收入增加值为 63.10 万元；同理变动成本增加 37.80 万元。C 方案中，更新改造设备预计投入 100 000 元，估计新设备使用期为 10 年，因此计提折旧 1 万元。根据上述数据可知：

铣床增产 10% 的利润＝63.1－37.80－1＝24.30（万元）

投资收入的现值（按 10% 贴现息计算）＝(24.3＋1）×6.145＝155.5（万元）

利润变动值＝24.3－1＝23.3（万元）

若实施 C 方案，则利润增加 23.3 万元，因此，可得对 202×年利润的影响为：

企业总利润：70.4＋23.3＝93.7（万元）

企业投资 10 万元是有利的，但企业总利润未能达到 100 万元目标。

5. D 方案的经济效益如表 3－5 所示。

表 3－5 D 方案经济效益表 单位：万元

项目	刨床	铣床	专用机床	合计
销售收入	458.20	857.80	138.30	1 454.30
变动成本	320.70	514.70	76.10	911.50
边际贡献	137.50	343.10	62.20	542.80
固定成本				441.50
利息支出				1
利润	—	—	—	100.30

D 方案可达到目标利润 100 万元。

【结论及建议】

通过上面的计算分析，我们可以看出，由于固定成本是稳定的，所以在生产能力允许的条件下，增加产量，一般只会增加产品的变动成本，这样便可以大大减少单位产品分摊的固定成本。因此，D 方案中在压缩刨床的基础上铣床可以增产，从而使企业利润达标。

【案例小结】

本案例中涉及的知识点：边际贡献分析法。

本案例中对所涉及知识点应用能力的要求：可以通过对商品创造的边际贡献进行分析，从而确定最优决策方案。

案例二

【案例描述】

鸿运有线电厂原为军工产品生产企业，由于经济体制的改革和技术更新，该厂原先生产的军工产品 ANT 为亏损产品。该厂部分部门要求停止生产该产品，并在生产该产品的二车间进行新产品的生产。为了适应改革的需要，该厂决定开发民用新产品。在该厂各有关部门深入调查研究的基础上，厂长召开了由各部门领导参加的生产经营决策会议。

财务部门首先针对 ANT 产品的情况进行汇报。该产品上一年度生产 1000 件，经核算其单位变动成本为 80 元，发生亏损 10 000 元，其中全部成本为 110 000 元。

新产品开发部门：在众多的民用新产品开发领域中，我们初步选择了“小型多功能电动粉碎机（以下简称 CENT）”。该机在日本已生产多年，销售情况良好，我们有能力试制。CENT 产品生产工艺简单，投产快，生产周期短，适应二车间现有生产条件，并且随时可以转产其他产品。CENT 是运用微型电动机带动特制刀具高速旋转，用以粉碎、搅拌各种食品的馅料。加工过程迅速，使用方便，密封操作安全卫生，耗电省。如加工肉糜，每小时可加工 8 公斤，耗电仅 1/6 度。CENT 产品适用于小型企事业单位、个体饮食店和家庭加工。除此外，还有一种“小型多功能搅拌机”（简称 PEN）。该产品生产工艺也较为简单，投产快，生产周期段，市场接受程度也较好。PEN 适用于家庭、小型餐饮店和个体饮食店。

销售部门：经预计，ANT 产品未来 1 年销售及成本水平不变。新开发的这两种产品在我国尚无企业生产，目前市场上只有小型手动粉碎机供应，售价在 8～12 元不等，小型手动粉碎机与 CENT 和 PEN 相比，功能少，效率低，质量不过硬。根据我们对用户抽样调查的结果表明，如上述两种产品质量有保证，定价合理，本市将有 3% 的家庭，全国将有 10% 的小型集体所有制和个体经营饮食店对此产品感兴趣。价格和销售量预测结果如表 3 -6 所示。

表 3 -6　价格和销售量预测表

项目	ANTI	CENT	PEN
产销量（件）	4 000	200	1 000
单价（元）	10	40	15
单位变动成本（元）	40	20.5	9.0
固定成本总额（元）	20 000	—	—

生产部门：根据二车间现有生产能力以及 CENT 和 PEN 产品材料、工时消耗定额数据，现在有两种生产方案，其一，在现有能力基础上进行新产品开发；其二，由于二车间的生产能力有限，只允许生产 CENT 产品和 PEN 产品中的一种。如果生产 CENT 产品和 PEN 产品，必须追加成本支出，购置专用工具和设备，其价值分别为 1 000 元和 5 000 元。

经过一年多的发展，鸿运有线电厂在生产 PEN 和 CENT 产品之外，该厂在生产中发现，用于两种产品的小型马达，市场上也有很大需求量，很多其他品牌的生产厂商想要购买这种小型马达。因此，厂长召开了由各部门领导参加的生产经营决策会议。

生产部门：根据我们现在的生产能力，可以生产小型马达 5 000 件。如果将这 5 000 件小型马达继续加工，可以生产出新的产品。

销售部门：这种小型马达直接出售的话，单价可以卖到 20 元。如果加工成新产品，市场售价可以提高到 27 元。

财务部门：我们核算了小型马达的生产成本，单位成本资料，如表 3 -7 所示。

表 3 -7　单位产品生产成本核算表　单位：元

项目	金额
材料费用	8
工资费用	4
变动性制造费用	3
固定性制造费用	2
合计	17

如果继续将小型马达生产的话，需要追加一部分费用，每件需追加工资（变动成本）3 元，变动性制造费用 1 元，固定性制造费用 1.5 元。

请根据上述资料针对下列问题进行分析：

1. 是否应该继续生产 ANT 这一亏损产品。未来一年该厂可能面临下面三种情况，针对不同情况需要做出相应决策。

（1）该厂具备增产 30% ANT 产品的能力，且能力无法转移，是否应该增产；

（2）若停产，设备对外出租，可收入租金 25 000 元，是否要增产；

（3）通过经营租赁方式租入一台设备，租金 20 000 元，如何决策。

2. 根据新产品开发部门的诉求，企业应做出生产哪种产品的决策？

3. 针对一年后出现的市场变化，现在该厂面临以下不同情况，根据资料进行决策：

（1）若该厂剩余生产能力足以将小型马达全部加工为产成品，是否应该继续加工？

（2）若该厂只具有 80% 的加工能力，是否因该继续加工？

（3）若该厂要将半成品全部加工为产成品，需要租入设备一台，年租金为 25 000 元，是否应该继续加工？

（4）若半成品与产成品的投入产出比为 2:1，即两件半成品才可以加工成为 1 件产成品，是否应该继续加工？

【案例阅读分析】

1. 本案例涉及的第一个决策——是否增产亏损产品的决策。

亏损产品是否增产，我们将其分为下面三种情况：

（1）企业已具备增产能力，且生产能力无法转移。

决策原则：如果不应当停产，那就应当增产该产品；在不应当停产的情况下（TCM >0）利用已具备且无法转移的绝对生产能力增加产量，会带来更多的边际贡献，从而扩大企业的盈利能力。

（2）若亏损产品能提供 TCM >0，但小于相对剩余生产能力有关的机会成本，则停产。

（3）企业尚不具备增产能力，为了达到增产的能力，需追加专属成本。

决策依据：TCM > 专属成本，则增产。

2. 本案例涉及的第二个决策——新产品开发决策。

对于新产品开发类的决策，我们针对企业的情况，将决策类型分为：不追加专属成本条件下的品种决策以及需要追加专属成本的决策。其中，不追加专属成本的决策，我们可以选用（单位资源贡献边际分析法，贡献边际总额法），对于需要追加专属成本的新产品生产决策，可以选用相关成本分析法：因为增加了固定成本，所以有了相关成本。

对于该企业而言，无论开发哪种新产品，都不需要考虑固定成本，20 000 元的固定成本对于本厂决策来说属于沉默成本。

3. 本案例的第三个决策，经过分析该决策属于企业的半成品是否需要继续加工的问题。这类问题我们可以将企业的经营环境分为两大类：简单条件和复杂条件，其中简单条件是指：企业已具备将全部半成品深加工为产成品的能力且无法转移，半成品与产成品的投入产出比为 1 比 1。在简单条件下，企业继续加工，不需要投入专属成本，没有机会成本，且半成品的数量和产成品的数量一致，这种生产条件太过于理想化，因此我们将不满足上述条件的生产列为复杂条件，即为：企业虽具备 100% 的深加工能力，但能够转移；企业尚不具备深加工能力；企业已具备部分深加工能力；半成品与产成品的投入产出比不是 1:1。

【数据分析】

1. 对于亏损产品，其亏损金额为 10 000 元，根据已知条件测算其销售收入：

销售收入 = 成本 + 利润 = 110 000 + (−10 000) = 100 000（元）

（1）决策方案包括，增产 ANT 产品，和不增产，不增产意味着按照原有规模生产或停产。本例分别用相关损益法和差量损益法进行分析，具体分析分别见表 3 −8 和表 3 −9。

表 3 −8　相关损益分析表　　单位：元

项目	增产 ANT 产品	不增产
相关收入	100 000 × (1 +30%)	100 000

续表

项目	增产 ANT 产品	不增产
相关成本	80×1 000×(1+30%)	80 000
相关损益	26 000	2 000

可以看出，增产这一方案的相关损益较大。

表 3－9　**差量损益分析表**　单位：元

项目	增产 ANT 产品	不增产	差异额
相关收入	100×300=30 000[①]	0	+30 000
相关成本	24 000	0	+24 000
其中：增量成本	80×300=24 000	0	
差量损益			+6 000

可以看出，应选择增产 ANT 产品。

本例我们使用相关损益法和差量损益法同时进行分析，可以看出其分析结果一致。在后续的分析过程中，读者可以根据具体决策类型选择方法进行分析。

(2) 本例使用相关损益法进行分析。因为不增产意味着按原有规模生产或者停产，两种情况需要分别进行分析。具体分析过程如表 3－10 所示。

表 3－10　**相关损益分析表**　单位：元

项目	增产 ANT 产品	按原有规模生产	停产
相关收入	130 000	100 000	0
相关成本	129 000	105 000	0
其中：增量成本	104 000	80 000	0
机会成本	25 000	25 000	0
相关损益	+1 000	－5 000	0

本例中，根据分析可以看出，增产会带来更多的利润，是较为合理的方案。

(3) 设备租入可增加 ANT 的产量，从而增加 24 000 元的边际贡献总额。本例直接判断，边际贡献总额（24 000 元）>专属成本（20 000 元），则增产。

2. 对于开发哪种新产品，根据不同情况具体分析，针对方案一而言：

CENT 产品的边际贡献总额 =40×200－20.5×200=3 900（元）

PEN 产品的边际贡献总额 =15×1 000－9×1 000=6 000（元）

该厂应该生产 PEN 产品。这样可以增加利润 2 100 元。

对于方案二来说，开发新产品需要追加专属成本，可以考虑用差量损益法进行分析。具体见表 3－11。

① 100 为销售单价，300 为增产数量。

表 3 - 11　　差量损益分析表　　单位：元

项目	开发 CENT 产品	开发 PEN 产品	差异额
相关收入	8 000	15 000	-7 000
相关成本	5 100	14 000	-8 900
其中：变动成本	4 100	9 000	
专属成本	1 000	5 000	
差量损益			+1 900

因此对于方案二，应该选择开发 CENT 产品，可以增加利润 1 900 元。

3. 一年以后所面临的四种情况，分别使用差量损益分析法来进行分析。

（1）经过分析，该情况属于简单条件的生产。具体分析方案过程见表 3 - 12。

表 3 - 12　　差量损益分析表　　单位：元

项目	继续加工	直接出售	差异额
相关收入	27 × 5 000 = 135 000	20 × 5 000 = 100 000	+35 000
相关成本	20 000	0	+20 000
其中：追加工资	3 × 5 000 = 15 000	0	
追加变动成本	1 × 5 000 = 5 000	0	
差量损益			+15 000

因此选择继续加工。

（2）具有 80% 的深加工能力，因此只能将 4 000 件小型马达继续加工，具体分析方案见表 3 - 13。

表 3 - 13　　差量损益分析表　　单位：元

项目	继续加工	直接出售	差异额
相关收入	27 × 4 000 = 108 000	20 × 4 000 = 80 000	+28 000
相关成本	16 000	0	+16 000
其中：追加工资	3 × 4 000 = 12 000	0	
追加变动成本	1 × 4 000 = 4 000	0	
差量损益			+12 000

因此选择继续加工。

（3）该情况，租入设备意味着增加专属成本，决策中必须考虑，具体分析过程见表3 - 14。

表 3 - 14　　差量损益分析表　　单位：元

项目	继续加工	直接出售	差异额
相关收入	27 × 5 000 = 135 000	100 000	+35 000
相关成本	45 000	0	+45 000

续表

项目	继续加工	直接出售	差异额
其中：追加工资	3×5 000 = 15 000	0	
追加变动成本	1×5 000 = 5 000	0	
专属成本	25 000	0	
差量损益			-10 000

在该情况下，将小型马达直接出售可以多获得10 000元的利润，因此选择直接出售。

（4）将半成品加工成产成品时，两者数量不同，半成品有5 000件，而产成品只有2 500件，具体分析过程见表3-15。

表3-15　差量损益分析表　单位：元

项目	继续加工	直接出售	差异额
相关收入	27×2 500 = 67 500	100 000	-32 500
相关成本	10 000	0	+10 000
其中：追加工资	3×2 500 = 7 500	0	
追加变动成本	1×2 500 = 2 500	0	
差量损益			-42 500

在该情况下，将小型马达出售可以多获利42 500元，因此选择直接出售。

【结论及建议】

本例中的亏损产品，并未停产，是因为亏损产品提供了部分的边际贡献，而这部分边际贡献可以补偿一部分的固定成本，也就意味着，生产亏损产品可以让企业少亏损一些，而是否要增产亏损产品则需要根据情况来决定，其影响因素包括了企业是否具有增产能力，是否有机会成本和专属成本的问题；而新产品的开发同样需要考虑是否包括若干相关成本的问题；半成品是否需要进一步加工需要分析企业面临的不同情况，究竟是简单条件还是复杂条件，其结果也有差异。具体决策方案选择都已在数据分析中提及，不再赘述。

【案例小结】

本例中涉及亏损产品是否增产、新产品如何开发、半成品是否继续生产三种决策，不同类型的短期经营决策其决策依据不同，在本例分析过程中都已提及。同时在分析过程中，使用分析方法也并不唯一，本例中使用相关损益法和差量损益法，相关损益法可以用于同时比较两个或者两个以上的决策方案，而差量损益法只能比较两个方案，若有3个方案需要选择，则需要两两对比。除此之外还有成本无差别点分析法、边际贡献总额法和单位资源边际贡献法等方法可供使用，在使用不同方法时，注意决策条件以及不同分析方法的适用范围。

案例三

【案例描述】

某钢材产销公司是一家拥有巨大产销能力的企业，当前，该企业成本已按性态分类并且企业内部采用变动成本法进行产品成本核算。企业共生产A、B、C、D、E、F六种产品，成本数据及预计产销量计划如表3-16所示。公司面临发展决策问题，需要作为财务主管的你运用本量利分析模型对公司进行分析，判断企业经营层停止 A、B、F 三种产品的生产这种做法是否正确，给企业生产经营决策提出合理建议。

表 3 - 16　　预计产销量及成本数据资料

品种	生产能力（吨）	单价（元/吨）	销售收入（万元）	单位变动成本（元）	变动成本（万元）	固定成本（万元）	经营利润（万元）
A	53 000	4 600	24 380	3 950	20 935	3 710	(265)
B	60 000	5 700	34 200	4 700	28 200	6 600	(600)
C	54 000	8 100	43 740	6 500	35 100	7 560	1 080
D	11 000	12 000	13 200	9 300	10 230	880	2 090
E	115 000	3 400	39 100	2 950	33 925	1 725	3 450
F	107 000	3 600	38 520	3 300	35 310	4 280	(1 070)
合计	400 000	—	193 140	—	163 700	24 755	4 685

资料来源：郑雄伟，卢侠巍．管理会计案例教程［M］．北京：经济科学出版社，2004。

【案例阅读分析】

通过本案例的阅读，我们应该能够看出，这是利用本量利模型进行分析产品是否停产的决策问题。首先我们需要从总体和个体两个层次进行系统分析，判断产品是否应该停产。其次可以选用边际贡献、安全边际、销售利润率这三组决策指标，传递企业生产经营的获利情况及安全性等重要信息，进而做出合理判断。

【数据分析】

一、总体经营分析

企业的加权平均边际贡献率和综合保本额分别代表产品对利润的贡献大小和弥补成本所需达到的最低销售水平，它是多种产品的综合指标。企业当前生产经营状况相关指标见表3 - 17。

表 3 - 17　　企业当前生产经营状况相关指标

销售利润率（%）	综合保本额（万元）	安全边际（万元）	边际贡献（万元）	平均边际贡献率（%）	平均安全边际率（%）
2.43	162 404	30 736	29 440	15.24	15.91

根据表 3 - 17 的指标结果来看，企业的销售利润率仅为 2.43%，表明企业总体的经营活动无法创造丰厚的利润。究其原因在于企业的 A、B、F 三种产品当前属于亏损产品，但是否意味着这三种产品应该停产，还需要从每种产品的具体分析来看。

二、分产品分析

分产品分析旨在识别对企业利润贡献大的产品，并对下一步的生产结构进行优化决策。为了能够更加清晰地进行科学决策，必须分别对每一种产品进行分析。企业分产品分析相关指标见表 3 - 18。

表 3-18　企业分产品分析相关指标

产品	保本点（吨）	安全边际（吨）	贡献毛益（万元）	销售利润率（%）	边际贡献率（%）	安全边际率（%）
D	3 259	7 741	2 970	15.83	22.50	70.37
C	47 250	6 750	8 640	2.47	19.75	12.50
B	66 000	(6 000)	6 000	(1.75)	17.54	(10.00)
A	57 077	(4 077)	3 445	(1.09)	14.13	(7.69)
E	38 333	76 667	5 175	8.82	13.24	66.67
F	142 667	(35 667)	3 210	(2.78)	8.33	(33.33)
综合	—	—	29 440	2.43	15.24	15.91

从表 3-18 可见，A、B、F 三种亏损产品的贡献毛益均大于零，因而不可轻率地停产这三种产品。从边际贡献率来看，六种产品的边际贡献率排序为：D、C、B、A、E、F。在六种产品中，D 产品的边际贡献率和安全边际率都较高，对销售利润率的贡献也最大，为 15.83%；E 产品对销售利润率的贡献也较大，为 8.82%，但是，其情况与 D 产品有所不同，E 产品的边际贡献率并不高，其销售利润率之所以能达到 8.82%，是因为其销售量较大，安全边际率较高。A、B 两种产品的边际贡献率都较高，然而由于产销量较低，没有超过保本点，安全边际率较低，以至于销售利润率为负。

【结论及建议】

在本案例的实际决策中，企业经营层停止 A、B、F 三种产品的生产，是错误的。其亏损的原因不是别的，正是产销量较低所致。所以，不仅不应该停产，而应该增加其产销量。

对于我国企业生产与经营实践而言，管理会计有着重要的理论指引和科学导向功能，而这一功能的发挥与生效在一定程度上取决和依赖于管理会计工具是否合理地运用。本量利分析工具看似简单，实质上蕴含着科学的生产经营决策原理，恰当运用其中的原理能够帮助企业找到利润的真正增长点和关键产品，从而作出科学的生产经营决策。

【案例小结】

本案例中涉及的知识点：本量利分析法；保本点；边际贡献；安全边际；边际贡献率；安全边际率。

本案例中对所涉及知识点应用能力的要求：熟练掌握本量利分析模型的理论知识与应用；决策指标的原理与应用。

第二节　定价决策案例分析

案例一

【案例描述】

某食品商店近期各营业组的利润如表 3-19 所示。

表 3－19　　**营业组利润表**

项目＼部门	生鲜组（元）	肉类组（元）	罐头烟酒组（元）	合计（元）
销售收入	25 000	50 000	50 000	125 000
变动成本	15 000	20 000	30 000	65 000
贡献毛益	10 000	30 000	20 000	60 000
固定成本				
其中：	8 750	15 000	5 000	28 750
专属的	5 000	10 000	10 000	25 000
按销售额分摊的净利（亏）	（3 750）	5 000	5 000	6 250

资料来源：郑雄伟，卢侠巍．管理会计案例教程［M］．北京：经济科学出版社，2004.

该食品商店经理根据表 3－19 的资料是否会因为生鲜组发生亏损而作出停止生鲜组营业的决策呢？假如该组停业后不影响其他两组的正常经营，停业后能否减少 3 750 元的亏损呢？

【案例阅读分析】

在这个案例中，不能单纯地凭表上数据简单地做出决策，应该在全面分析后进行科学决策。实际上，取消生鲜组，食品商店的总收入就少了生鲜组 25 000 元的销售收入，而成本方面仅节省了生鲜组的变动成本及其专属固定成本，但不可避免的固定成本并不能有所降低。我们可以通过对取消生鲜组的差异分析或取消生鲜组后，其他两个营业组的损益表来研究这个问题，见表 3－20。

表 3－20　　**取消生鲜组的差异分析**

收入（元）	25 000
成本（元）	23 750
其中：变动成本（元）	15 000
专属固定成本（元）	8 750
按销售额分摊固定成本前净利润（元）	1 250

以上差异分析说明，如果停止生鲜组的营业，不但不会增加利润，反而会减少净利 1 250元。减少的利润即为生鲜组的贡献毛益与其专属固定成本之差。

【数据分析】

我们也可以通过编制取消生鲜组后，其他两组的净利计算表来说明这个问题见表 3－21。

表 3－21　　**取消生鲜组后其他两组的净利计算表**

项目＼部门	肉类组（元）	罐头烟酒组（元）	合计（元）
销售收入	50 000	50 000	100 000
变动成本	20 000	30 000	50 000
贡献毛益	30 000	20 000	50 000
固定成本	15 000	5 000	20 000
其中：专属成本	12 500	12 500	25 000
按销售额分摊的净利（亏）	2 500	2 500	5 000

分析结果说明，取消生鲜组后，由于不可避免的固定成本的重新分配，相应减少了其他两组的净利，使企业利润总额减少了 1 250 元。因此，生鲜组虽然经营亏损，但仍应保留。实质上，生鲜组之所以仍须保留，是因为它仍能创造 10 000 元的贡献毛益。此种决策可用贡献毛益分析法进行分析。

【结论及建议】

一般来说，企业的固定成本是稳定不变的，遇此类问题，只要贡献毛益大于零（有些固定成本若为某部门或某类商品专属，则要用贡献毛益减去这部分成本），就不应停止该项业务。案例仅就生鲜组是否应停止营业的问题作了分析。如果取消生鲜组后，将腾出的营业空间转作他用，可能又会创造新的利润。亏损部门或商品是否应转向经营的决策仍可采用贡献毛益分析法来解决。只要转向后不影响其他部门（或商品）的经营，同时提供的贡献毛益总额大于原亏损部门（或商品）所能提供的贡献毛益总额，那么，转向经营就是可行的。

【案例小结】

本案例中涉及的知识点：亏损产品的决策，贡献毛益分析法。

本案例中对所涉及知识点应用能力的要求：能够利用贡献毛益做出判断，掌握决策分析的方法。

案例二

【案例描述】

某企业销售的甲产品，固定成本为 3 000 元，单位变动成本为 8 元。通过产品试销和市场预测分析，取得的有关资料，如表 3－22 所示。

表 3－22　甲产品在不同价格水平时的销售收入

价格（元）	100	95	90	85	80
销售（件）	150	175	200	225	250
销售收入（元）	15 000	16 625	18 000	19 125	20 000
价格（元）	75	70	65	60	55
销售（件）	275	300	325	350	375
销售收入（元）	20 625	21 000	21 125	21 000	20 625

【案例阅读分析】

案例可以应用边际成本定价法，边际成本是指每增加 1 个单位（可以是 1 件、10 件、50 件等）产品销售所增加的总成本；边际收入则指每增加 1 个单位产品销售所增加的总收入。边际收入与边际成本的差额，称为边际利润，表示每增加一个单位产品销售所增加的利润。如果从数学角度看，边际成本是对总成本函数求一阶导数的结果，表示总成本线任何一点的斜率；边际收入则是对总收入函数求一阶导数的结果，表示总收入线任何一点的斜率。当总成本线和总收入线的斜率相等或接近时，意味着边际成本与边际收入相等或近似相等；边际利润等于零（连续函数）或接近于零（非连续函数）。此时，如果再增加产品销售量，由于边际收入小于边际成本，将不能再为企业提供新增利润，因此企业利润总额不会增加反而减少。由此可见，边际收入等于边际成本时的利润总额最大。这时的价格和销售量，就是最优价格和最优销售量。利用边际成本等于边际收入时利润最大的原理制定产品价格的方法，称为边际成本定价法。

【数据分析】

根据上述资料，进行整理计算，得到如下数据，如表 3 - 23 所示。

表 3 - 23　　边际成本定价法

销售量（件）	价格（元）	销售收入（元）	边际收入（元）	总成本（元）	边际成本（元）	边际利润（元）	利润（元）
150	100	15 000	—	4 200	—	—	10 800
175	95	16 625	1 625	4 400	200	1 425	12 225
200	90	18 000	1 375	4 600	200	1 175	13 400
225	85	19 125	1 125	4 800	200	925	14 325
250	80	20 000	875	5 000	200	675	15 000
275	75	20 625	625	5 200	200	425	15 425
300	70	21 000	375	5 400	200	175	15 600
325	65	21 125	125	5 600	200	(75)	15 525
350	60	21 000	(125)	5 800	200	(325)	15 200
375	55	20 625	(375)	6 000	200	(575)	14 625

计算结果表明，随着销售量的不断增加，边际收入将逐步下降，甚至出现负数，以致边际利润不断减少。当边际利润为负数时，企业的利润总额就不会是最高的利润额。因此，本例的最优价格在 65 ~ 70 元之间。

如果把 300 ~ 325 件的销售量区域进一步进行细分，即可确定最优价格。具体计算，如表 3 - 24 所示。

表 3 - 24　　最优价格利润表

销售量（件）	价格（元）	销售收入（元）	边际收入（元）	总成本（元）	边际成本（元）	边际利润（元）	利润（元）
300	70	21 000	—	5 400	—	—	15 600
305	69	21 045	45	5 440	40	5	15 605
310	68	21 080	35	5 480	40	(5)	15 600
315	67	21 105	25	5 520	40	(15)	15 585
320	66	21 120	15	5 560	40	(25)	15 560
325	65	21 125	5	5 600	40	(35)	15 525

【结论及建议】

由上表可知，当产品销售量是 305 件、价格为 69 元时，边际收入最接近边际成本，此时的利润总额最大，为 15 605 元。因此，甲产品每件定价 69 元为最优价格，这一点与后述利用线性函数预测的结果是一致的。

【案例小结】

本案例中涉及的知识点：边际成本定价法。

本案例中对所涉及知识点应用能力的要求：能够应用边际成本定价法来确定产品最优价格。

案例三

【案例描述】

某企业生产 A 产品，有关单价、销量与总成本之间的关系如表 3 – 25 所示。

表 3 – 25 单价、销量与总成本数据表

单位售价（元）	销量（件）	销售总成本（元）
5.0	1 000	3 500
4.8	1 100	3 650
4.6	1 200	3 800
4.4	1 300	3 950
4.2	1 400	4 100
4.0	1 500	4 250
3.8	1 600	4 400
3.6	1 700	4 550
3.4	1 800	4 700

该企业目前产品售价为 5 元，销量为 1 000 件，企业最大的生产能力为 1 800 件。

要求：根据上述资料，做出该产品最优售价的决策分析，并计算此时企业的总利润。

【案例阅读分析】

案例可以用成本加成定价法，考虑影响价格的成本因素和销售量因素，成本是影响定价的最基本因素。从长期来看，产品价格应等于总成本加上合理的利润，否则企业无利可图，将会停止生产；从短期来看，企业应根据成本结构确定产品价格，即产品价格必须高于平均变动成本，以便掌握盈亏情况，减少经营风险。

案例属于以成本为基础的定价决策，由于成本是企业生产和销售产品所发生的各项费用的总和，是构成产品价格的基本因素，也是价格的最低经济界限。以成本为基础制定产品价格，不仅能保证生产中的耗费得到补偿，而且能保证企业必要的利润。凡是新产品的价格制定，都可以采用以成本为基础的定价决策方法。

【数据分析】

根据所给资料表计算边际收入和边际成本，如表 3 – 26 所示。

表 3 – 26 边际利润表 单位：元

销售单价（P）	销售量（X）	销售收入（TR）	边际收入（MR）	总成本（TC）	边际成本（MC）	边际利润（MP）	利润（P）
5.0	1 000	5 000	—	3 500	—	—	1 500
4.8	1 100	5 280	280	3 650	150	130	1 630
4.6	1 200	5 520	240	3 800	150	90	1 720
4.4	1 300	5 720	200	3 950	150	50	1 770

续表

销售单价（P）	销售量（X）	销售收入（TR）	边际收人（MR）	总成本（TC）	边际成本（MC）	边际利润（MP）	利润（P）
4.2	1 400	5 880	160	4 000	150	10	1 780
4.0	1 500	6 000	120	4 250	150	(30)	1 750
3.8	1 600	6 080	80	4 400	150	(70)	1 680
3.6	1 700	6 120	40	4 550	150	(110)	1 570
3.4	1 800	6 120	0	4 700	150	(150)	1 420

【结论及建议】

由表3－26可见，当边际利润为最小的正数10时，企业的总利润最大为1 780元，此时的售价4.2元为最优售价，销售量1 400件为最优销售量。

【案例小结】

本案例中涉及的知识点：成本定价法，产品定价决策。

本案例中对所涉及知识点应用能力的要求：能够利用成本与销量的数值做出最优决策分析，确定产品最优售价，从而达到最大销售收入。

第四章　资本投资决策

学习目标

知识目标：

学会资本投资过程中的各种管理会计分析方法；熟练使用回收期法、会计收益率法、净现值法、内部回报率法进行投资决策分析；了解并熟悉投资分析应当注意的各方面因素；学会如何比较不同方法得出的结论，并能够予以适当的评价和判断。

能力目标：

能够在案例分析过程中正确运用资本时间价值的概念进行计算；能够准确利用案例所提供的信息判断使用何种决策方法并能准确估值和计算并得出结论；能够自如运用净现值法、内部回报率法等专业分析方法进行投资决策的数据分析；能够综合正确的税率，折旧税盾、通货膨胀率等概念进行敏感性分析，能够在进行相关案例分析时，综合考虑各种非量化因素，选择方案、提出观点。

本章教学建议

教师可以选取部分案例进行讲解，帮助学生回顾复习知识点，也可以在课前将部分案例分析资料布置给学生，要求学生在课前做充分阅读并形成自己的阅读提纲；并根据自己的判断进行相关计算和表格的制作，而后课堂上以不同小组为单位，进行案例解决方案讨论，先陈述本小组所选择方法及理由，后通过 PPT 展示分析数据，并给出本小组结论；其他小组同学可在这个过程中提问或质疑，教师做简短点评。书中案例可根据课时要求进行选取，第一节案例着重各个基础知识点考查运用，第二节案例注重总体相关知识综合运用和分析。书中所给案例分析过程及结论旨在为学生提供分析思路，展示分析方法，其答案并不固定唯一。

第一节　一般性资本投资案例分析

案例一

【案例描述】

伟业健身是一家在全国拥有 53 个健身房的集团公司。假设你是该集团总部的高级管理会计，你的直接上司是公司的总会计师李宏，他今天找你谈话，告诉你市场部提议给每一家健身房修建一堵攀岩墙，而且他们已经调查过，现有每家健身房都能提供这样的建筑空间，具有安装攀岩墙的可行性。不仅如此，市场部还提供了以下由市场部估算的数据，见表 4－1。

表 4－1　攀岩墙 基本数据表

单位：元

工程建设成本	200 000
每年人工成本	105 250
每年维护成本	工程建设成本的 10%
每年额外吸引的顾客数	75 人
每年的健身房会费	1 250
每年额外的保留成员数	25 人
每年额外的散客增加数	平均每周 75 人
攀岩墙散客单次收费率	15 元/每次
加权平均资本成本	14%
攀岩墙预期使用寿命	5 年
所得税税率	30%
所得税纳税情况	因连年亏损，设未来 10 年都不缴所得税

李宏要求你基于以上的数据，对该项目投资的财务可行性进行判断，并提供判断的依据。

【案例阅读分析】

通过阅读案例我们可以知道，这是一次判断投资建议是否应当被采纳的问题，我们需要通过具体分析计算来判断是否可以进行这样的投资。我们在《管理会计》的学习过程中已经学过了投资回收期法、会计收益率法、净现值法、以及内部收益率法等用来帮助进行资本投资决策的方法。那么我们首先需要知道应该应用那个或者那些方法组合来进行分析本案例比较合适。

通常说来，我们在进行资本投资决策的时候，最好分两个阶段来进行。第一阶段：用简便的方法快速筛选投资项目，把明显不符合要求的项目剔除掉。在这一阶段，我们往往会使用静态的投资指标来判断，用到投资回收期或者会计收益率法。第二阶段：使用比较复杂的、考虑了货币时间价值的方法进行进一步论证投资方案的可行性，这一阶段我们往往会使用动态的投资指标来判断，会使用到净现值法或者内部收益率法。最后将各个指标综合起来进行反复比较，决定最优的投资方案。

基于以上的认识，我们可以先用投资回报率的方法来进行初步的判断，而后再使用净现值法进行更准确的分析。

【数据分析】

在资本预算过程中，我们是以现金流为基础来进行方案评价，因而我们首先需要对本案例中所涉及的现金流进行梳理列表。

梳理之后的关键信息如下：

攀岩墙使用寿命：5 年，初始投资：200 000 元。

每年额外吸收会员带来的现金收入：$1\ 250 \times 75 = 93\ 750$（元）

每年额外挽留的会员带来的现金收入：1 250 × 25 = 31 250（元）

每年额外的散客收入：15 × 75 × 52 = 58 500（元）

每年额外的人工投入成本：105 250 元

每年该设备维护修理费 200 000 × 10% = 20 000（元）

加权平均资本成本：14%

同时由于长年亏损不用缴纳所得税，因而在本案例中就不必考虑固定资产折旧税盾带来的影响。

使用以上数据我们制作现金流量表见表 4 - 2。

表 4 - 2　　现金流量表　　单位：元

	起始时间	第 1 年	第 2 年	第 3 年	第 4 年	第 5 年
投资现金流流出	(200 000)					
现金流流入						
增加的会员收入		93 750	93 750	93 750	93 750	93 750
挽留的会员收入		31 250	31 250	31 250	31 250	31 250
散客带来的收入		58 500	58 500	58 500	58 500	58 500
总计现金流入		183 500	183 500	183 500	183 500	183 500
现金流流出						
额外的人工成本		(105 250)	(105 250)	(105 250)	(105 250)	(105 250)
设备维护费		(20 000)	(20 000)	(20 000)	(20 000)	(20 000)
总计现金流出		(125 250)	(125 250)	(125 250)	(125 2500	(125 250)
净现金流	(200 000)	58 250	58 250	58 250	58 250	58 250
WACC 折现率	1.000	0.877	0.769	0.675	0.592	0.519
净现值现金流	(200 000)	51 850	44 794	39 319	34 484	30 232

根据表 4 - 2 所列数据，我们先进行方案判断的第一步：使用投资回收周期的方法，看一下是否能在使用寿命年限之内收回投资。

表 4 - 3　　使用年限内的净现金流　　单位：元

	初始投资	第 1 年	第 2 年	第 3 年	第 4 年	第 5 年
现金流	(200 000)	58 250	58 250	58 250	58 250	58 250

如表 4 - 3 所示，该投资项目，初始投资为 200 000 元，而后在接下来的使用年限里，每年带来 58 250 元的现金净流入，两年之后现金净流入为 116 500 元，三年之后现金净流入为 174 750 元，在第 4 年年初也就是 3.43 年的时候现金的净流入就可以达到 200 000 元。而该资产的使用年限是 5 年，因而可以通过初步筛选，认为是可行的。

我们如果根据表 4 - 2 的数据，采用净现值法来考察，将每一年的现金流净现值加总得出：

$$-200\ 000 + 51\ 085 + 447\ 943 + 9\ 319 + 34\ 484 + 30\ 323 = -86 \leqslant 0$$

【结论及建议】

在净现值法的应用中，我们已经知道如果一项长期投资的净现值如果是个负值，也就意味着这个投资无法带来高于加权平均资本成本的利润，应当被放弃。

【案例扩展问题】

在本案例中为什么会产生这样前后矛盾的结论呢？应当以哪个为准呢？我们知道投资回收周期是个静态的指标，没有考虑到货币的时间成本，因而不够准确，应当以净现值法提供的依据做出决策。请问如果以会计回报率法，或者内部收益率法来评价这个投资项目，又会有什么样的结论呢？

【案例小结】

本案例中涉及的知识点：资本的时间价值；平均加权资本成本；资本投资决策指标的各种计算方法。

本案例中对所涉及知识点应用能力的要求：不同投资指标计算方法的组合运用；如何评价不同资本投资指标结果发生矛盾时的结果，评价资本投资指标的不同优势和劣势。

案例二

【案例描述】

假设你是吉祥食品厂的高级会计人员，吉祥食品厂里有一台和面用的工业搅拌机，它已经使用了几年，效率有些低下，但是仍然可以继续使用，只是运行维护费用比较高。现在市面上有一种功能更好的新型搅拌机，比较贵，但是效率高，运行维护成本低，生产处领导考察了这种新型搅拌机，获得了它的购买成本和使用成本等相关信息，希望你能够依据现有的信息，比较购买新型搅拌机和保留旧搅拌机两种方案，提出你的意见。现有信息如下：

老旧的搅拌机，购买时的成本为 28 000 元，估计使用年限 10 年，估计净残值为 0，目前已使用年限为 5 年，估计目前出售价为：8 000 元，每年的运行成本为 18 000 元。

新型搅拌机，购买成本为 34 000 元，估计使用年限为 5 年，估计净残值为 0，每年运行成本为 12 000 元。

【案例阅读分析】

通过阅读案例，我们可以看到在这个案例中，出现了两种可能的选择：一是：继续使用老设备，不必投入更多的资金，但是要忍受更低的效率和支付更多的日常运行费用；另一种选择：再投资购入一个新设备，支付一笔不小的花销，但是可以提高效率，减小日常运行费用。这是一种比较典型的已有固定资产继续维修使用或者新购入固定资产的决策问题。这个问题中我们需要假设新旧设备的生产能力是相同的，那么对于企业而言，销售收入没有变化，也就是销售现金流量没有变化，但是生产成本会发生变化，此外新旧设备的使用年限往往有所不同，因而这一类的决策问题实际上是要我们来比较两个方案的年平均成本，或者是我们能够比较两个方案的年平均成本差值的净现值，也就可以反映出哪个方案可以带给我们更大的利益。

【数据分析】

因为是两个方案做比较，我们可以首先把这两个方案的相关信息进行列表分析，由于没有给出所得税率，因而我们在这里不必考虑累计折旧带来的税收现金流变化。

如果不考虑货币的时间价值，我们单纯地直接将两个方案的相关成本进行列对比，见表

4－4。

表 4－4 新旧设备成本对比 单位：元

	使用旧设备	购买新设备
新投入资本		34 000
旧设备出售		(8 000)
第 1 年运行成本	18 000	12 000
第 2 年运行成本	18 000	12 000
第 3 年运行成本	18 000	12 000
第 4 年运行成本	18 000	12 000
第 5 年运行成本	18 000	12 000
后续相关成本总和	90 000	86 000

从表 4－4 中的相关成本对比中，我们可以看出，在不考虑货币时间价值的情况下，购买新设备的相关成本总和为 86 000 元，而继续使用老设备，相关成本总和为 90 000 元，由于两个方案的使用年限都是 5 年，那么使用旧设备的年平均成本为 18 000 元，更新设备的年平均成本为：11 720 元，11 720≤18 000。

基于以上数字的对比，我们就可以得出应当购买新设备的结论。

但是两个方案中，都涉及长达 5 年的设备使用年限，如果不考虑货币的时间价值显然是不恰当的，因而我们应当考虑到使用净现值法来重新分析这个问题，见表 4－5。

表 4－5 现金流净现值计算表 单位：元

	初始投资	第 1 年	第 2 年	第 3 年	第 4 年	第 5 年
现金流	(34 000)					
老设备折现价值	8 000					
老设备运行费用		(18 000)	(18 000)	(18 000)	(18 000)	(18 000)
新设备运行费用		(12 000)	(12 000)	(12 000)	(12 000)	(12 000)
新设备导致增量现金流	(26 000)	6 000	6 000	6 000	6 000	6 000
WACC 10%	1	0.909	0.826	0.751	0.683	0.621
现金流现值	(26 000)	5 454	4 956	4 506	4 038	3 726
现金流净现值	(3 320)					

【结论及建议】

从上面的分析中我们看到，与最初计算结果不同，现金流增量的净现值是一个负值。在净现值法的应用中，我们已经知道如果一项长期投资的净现值如果是个负值，也就意味着这个投资无法带来高于加权平均资本成本的利润，应当被放弃。

【案例扩展问题】

在本案例中最初的计算没有考虑货币的时间价值，也没有考虑固定资产折旧带来的税收利益或者损失，在本案例中，旧设备的年折旧额为 2 800 元，新设备的年折旧额 6 800 元，请进一步考虑：如果我们假设所得税率为 40%，所得税上的现金流增量变化又会是怎样的呢？

【案例小结】

本案例中涉及的知识点：净现值法在进行固定资产维修或者更新决策中的应用方法。

本案例中对所涉及知识点应用能力的要求：熟练掌握净现值法计算的各个要素。

案例三

【案例描述】

假设你是一家物流公司的高级会计人员，这家物流公司目前租用了一个仓库来存储和发送货物。恰好公司目前有250万元的闲散资金，而且公司得到消息说，如果购买一个和目前租用的仓库相同规模的新仓库，这些钱恰恰足够。如果能够拥有自己的仓库，无疑会节省下大量的租金，或许能提高公司的盈利能力，因而公司就要求财务部用净现值法提供决策所需要的判断依据。你所在财务部的同事提供了以下的净现值法计算列表，以及现有信息数据及估算如下：

初始投资：250万元。

目前仓库租赁租金：8.5万元/每年，租期为5年。

所购买新仓库后续处理：目前看来最大的可能性是使用5年后被出售，出售的估值为：125万元。

所购买新仓库每年的折旧为25万元。

所得税率为30%。

银行贴现率为10%。

加权平均资本成本为14%。

自有仓库的运营成本为：1万元/每年。

财会主管要求你审核表4-6及其结果，并提交最终报告。

表4-6　新项目净现值现金流列表　单位：万元

年份	初始投资	第1年	第2年	第3年	第4年	第5年
仓库投资	(250)					
残值		—	—	—	—	—
租金成本		8.5	8.5	8.5	8.5	8.5
其他运营成本		(1)	(1)	(1)	(1)	(1)
净现金流	(250)	7.5	7.5	7.5	7.5	7.5
税收影响30%		(2.25)	(2.25)	(2.25)	(2.25)	(2.25)
税后净现金流	(250)	5.25	5.25	5.25	5.25	5.25
折现率10%	1.000	0.909	0.826	0.751	0.683	0.621
净现金流	(250)	4.77	4.34	3.94	3.59	3.26
净现值	(230.1)					

【案例阅读分析】

通过本案例的阅读，我们应该能够看出，这是一个要求比较固定资产租赁与固定资产购买哪个更加有利的决策问题。并且案例中要求运用净现值法来进行分析。

在比较固定资产经营租赁与购买固定资产的方案时，我们需要注意的问题有：首先与购买固定资产相比，经营租赁每年都要支付一定金额的资金；另外由于租赁费用是在成本中列支的，因此企业可以减少所缴纳的所得税，因而拥有一定的纳税利益；购买固定资产则是一种投资行为，企业将要支出一笔可观的设备款项，但与此同时，每年可以通过累计折旧费用进行补偿，折旧费用作为一项成本，也能使企业获得纳税利益，而且企业在项目结束或者设备使用寿命到期时，还能够得到设备残值的变现收入。

基于以上的认识，我们考察题目中提供给我们的净现值现金流列表，可以发现有以下的错误之处：

第一，五年后仓库不再使用，仓库出售的现金流没有计入列表。

第二，在考虑税收影响时，没有考虑固定资产折旧税盾效应。

第三，在使用贴现率的时候，错误地使用了银行贴现率，而这里应当使用的是加权平均资本成本来做贴现率进行计算。

同时，在进行此类决策的时候，也不应当单纯从净现值现金流的角度来进行，还有许多非量化的因素需要纳入考量，因而报告还应当对这些被忽略的方面进行论证。

【数据分析】

针对上面分析出的不足之处，我们重新计算和补充所需要的信息。

这个项目的初始投资为 250 万元，每年折旧额为 25 万元，五年以后的残值为：

250 - (5 × 25) = 125（万元），这是使用五年后的现金流入。

每年的固定折旧有 25 万元，这是作为成本抵减了利润，继而减少了所得税的缴纳，因而在税收方面每年可以供折旧税盾的金额为：

25 × 30% = 7.5（万元）

加权平均资本成本为 14%，因而需要把原来使用的银行利率的 10% 调整为 WACC14%

根据以上附加信息，重新列表，可以得到新的净现值现金流量表，见表 4 - 7。

表 4 - 7　　净现值现金流列表　　单位：万元

年份	初始投资	第 1 年	第 2 年	第 3 年	第 4 年	第 5 年
仓库投资	(250)					
租金成本		8.5	8.5	8.5	8.5	8.5
其他运营成本		(1)	(1)	(1)	(1)	(1)
净资金流	(250)	7.5	7.5	7.5	7.5	7.5
税收影响 30%		(2.25)	(2.25)	(2.25)	(2.25)	(2.25)
累计折旧税盾		7.5	7.5	7.5	7.5	7.5
残值变现收入						125
税后净现金流	(250)	12.75	12.75	12.75	12.75	137.75
折现率 14%	1	0.877	0.769	0.657	0.592	0.519
净现金流	(250)	11.18	9.81	8.61	7.55	71.49
净现值	(141.36)					

【结论及建议】

从上面的分析中我们看到，当把折旧税盾、贴现率以及固定资产出售等因素加以考虑之后，现金流的净现值依然是一个负值。在净现值法的应用中，我们已经知道如果一项长期投资的净现值如果是个负值，也就意味着这个投资无法带来高于加权平均资本成本的利润，应当被放弃。

【案例扩展问题】

在本案例中最初的计算和净现值列表出现了常见的错误：忽略了累计折旧税盾。如果单纯考虑现金流的净现值来决定项目的取舍，在现实中往往是不够的，还需要结合其他因素形成完整的结论，那么还有哪些方面是我们在进行类似决策过程中需要考虑的问题？比如，是否有其他选择来利用闲置资金？新仓库的位置会对业务产生什么样的影响？新仓库的储运能力是否更有利于公司的长期发展？大家可以讨论一下还有哪些应当考虑的方面。

【案例小结】

本案例中涉及的知识点：固定资产折旧税盾；固定资产残值在净现值法中的处理；用于净现值计算的平均加权资本成本。

本案例中对所涉及知识点应用能力的要求：熟练掌握净现值法计算的各个要素，能够对投资决策量化和非量化的指标进行全面考虑。

案例四

【案例描述】

朗琴公司是生产 MIN 音响的中型企业，公司生产的小音响质量优良，长期以来供不应求。出于扩大生产能力的目的，朗琴公司准备考虑新建一条生产线。

李力是该公司的助理会计师，主要负责融资和资本投资工作。总会计师张力要求李力搜集建设新生产线的有关资料，写出投资项目的财务评价报告，以供公司领导决策参考。

李力经过十几天的调查研究，得到以下有关资料。该生产线的初始投资是 12.5 万元，分两年投入。第 1 年投入 10 万元，第 2 年初投入 2.5 万元，第 2 年底可完成建设并正式投产。预计投产后，每年可生产 MP3 小音响 1 000 套，每套销售价格是 300 元，每年可获销售收入 30 万元。所投资设备可使用 5 年，5 年后残值可忽略不计。在投资项目经营期间要垫支流动资金 2.5 万元，这笔资金在项目结束时可如数收回。该项目生产的产品年总成本的构成情况如下：

原材料费用：20 万元

工资费用：3 万元

管理费用（扣除折旧）：2 万元

折旧费用：2 万元

李力又对朗琴公司的各种资金来源进行了分析研究，计算得出该厂加权平均的资金成本为 10%。李力根据以上资料，整理出该投资项目的营业现金流量表（表 4 – 8）、现金流量净现值表（表 4 –9），并把这些数据资料提交给会计部门主要相关领导审核，以便经过认可后提交公司领导。

表 4 – 8　　投资项目的营业现金流计算表

单位：元

项目	第 1 年	第 2 年	第 3 年	第 4 年	第 5 年
销售收入	300 000	300 000	300 000	300 000	300 000

续表

项目	第 1 年	第 2 年	第 3 年	第 4 年	第 5 年
付现成本	(250 000)	(250 000)	(250 000)	(250 000)	(250 000)
其中：					
原材料	200 000	200 000	200 000	200 000	200 000
工资	30 000	30 000	30 000	30 000	30 000
管理费（不含折旧）	20 000	20 000	20 000	20 000	20 000
折旧费	(20 000)	(20 000)	(20 000)	(20 000)	(20 000)
税前利润	30 000	30 000	30 000	30 000	30 000
所得税（税率 50%）	(15 000)	(15 000)	(15 000)	(15 000)	(15 000)
税后利润	15 000	15 000	15 000	15 000	15 000
现金流量	35 000	35 000	35 000	35 000	35 000

表 4－9　投资项目的现金流量净值计算　单位：元

项目	第－1 年	第 0 年	第 1 年	第 2 年	第 3 年	第 4 年	第 5 年
初始投资	(100 000)	(25 000)					
流动资金垫支		(25 000)					
营业现金流量			35 000	35 000	35 000	35 000	35 000
设备出售回收							25 000
流动资金收回							25 000
现金流量合计	(100 000)	(50 000)	35 000	35 000	35 000	35 000	85 000
贴现系数 10%	1.000	0.9091	0.8264	0.7153	0.6830	0.6209	0.5644
现金流现值	(100 000)	(45 455)	28 910	26 296	25 612	23 283	47 974
现金流净现值	3 353						

基于以上的计算和数据，在会计部门会议上，李力对她提供的有关数据做了必要的说明。她认为，建设新生产线有 3 353 元净现值，故这个项目是可行的。

会计部业务会议对李力提供的资料进行了分析研究，认为李力在搜集资料方面作了很大努力，计算方法正确，但却忽略了市场物价变动问题，这便使得提供的信息失去了客观性和准确性。于是要求李力再补充收集市场物价变化的相关信息，重新提交考虑市场物价变动的分析报告。

又经过一周的信息收集工作，李力得到了以下补充信息：

（1）总会计师认为在项目投资和使用期间内，通货膨胀率大约为 10%，除了考虑通货膨胀对现金流量的影响以外，还要考虑通货膨胀对货币购买力的影响。

（2）基建处长认为，由于受物价变动的影响，初始投资将增长 10%，投资项目终结后，设备残值将增加到 37 500 元。

（3）生产处长认为，由于物价变动的影响，原材料费用每年将增加 14%，工资费用也将增加 10%。

（4）财务处长认为，扣除折旧以后的管理费用每年将增加 4%，折旧费用每年仍为 20 000元。

（5）销售处长认为，在产品线建成后的几年里，产品销售价格预计每年可增加 10%。

李力现在需要根据以上各个部门收集的意见，重新计算投资项目的现金流量和净现值，提交下次会议讨论。

【案例阅读分析】

李力的报告主要集中在对现金流量情况的考察上。从李力的分析来看，该项目总的现金流量为正，净现值也为正，按照投资决策的一般原则——接受净现值为正的项目，应采纳该项目。案例中李力的分析从原理上来讲并没有错，但由于对投资决策中需要考虑的问题认识不全，通货膨胀的存在使得物价变动，考虑了通货膨胀因素后，各年度的现金流量可能会出现呈递减趋势，而不是原来的年年相同了，所以她提供的资料和结论最终没有通过会计主管的认可。

我们需要结合李力后来征询的各部门对于物价变动的信息，来重新修订营业现金的变动情况，制作新的营业现金流表。

【数据分析】

当年的相关费用依然如下：

原材料费用：20 万元

工资费用：3 万元

管理费用（扣除折旧）：2 万元

折旧费用：2 万元

折旧费用每年仍为 20 000 元。

把各种涨价因素考虑在内，对于后续各年的现金流计算。

因为预计产品销售价格每年可增加 10%，考虑物价变动后，销售收入的变化为：

第一年：330 000（元）

第二年：330 000 ×（1 +10%）=363 000（元）

第三年：363 000 ×（1 +10%）=399 300（元）

第四年：399 300 ×（1 +10%）=439 230（元）

第五年：439 230 ×（1 +10%）=483 153（元）

由于物价变动的影响，原材料费用每年将增加 14%，工资费用也将增加 10%。

原材料成本变化为：

第一年：228 000（元）

第二年：228 000 ×（1 +14%）=259 920（元）

第三年：259 920 ×（1 +14%）=296 308（元）

第四年：296 308 ×（1 +14%）=337 792（元）

第五年：337 792 ×（1 +14%）=385 082（元）

工资费用的变化为：

第一年：33 000（元）

第二年：33 000 ×（1 +10%）=36 300（元）

第三年：36 300 ×（1 +10%）=39 930（元）

第四年：39 930 ×（1 +10%）=43 923（元）

第五年：43 923 ×（1 +10%）=48 315（元）

扣除折旧以后的管理费用每年将增加4%，管理费用变化为：

第一年：20 800（元）

第二年：20 800 ×（1 +4%）=21 632（元）

第三年：21 632 ×（1 +4%）=20 479（元）

第四年：20 479 ×（1 +4%）=23 397（元）

第五年：23 397 ×（1 +4%）=24 333（元）

根据以上重新计算的数据，对考虑物价变动后的营业现金流列表，得出表 4 –10。

表 4 –10　　考虑物价变动后的营业现金流表　　单位：元

项目	第 1 年	第 2 年	第 3 年	第 4 年	第 5 年
销售收入	330 000	363 000	399 300	439 230	483 153
付现成本	(281 800)	(317 852)	(356 735)	(405 112)	(457 730)
其中：原材料	228 000	259 920	296 308	337 792	385 082
工资	33 000	36 300	39 930	43 923	48 315
管理费	20 800	21 632	20 497	23 397	24 333
折旧	(20 000)	(20 000)	(20 000)	(20 000)	(20 000)
税前利润	28 200	25 148	22 565	14 118	5 423
所得税（50%）	(14 100)	(12 574)	(10 283)	(7 059)	(2 712)
税后利润	14 100	12 574	10 283	7 059	2 712
现金流量	34 100	32 574	30 283	27 059	22 712

在表 4 –10 的基础上计算物价变动后投资项目的现金流可得表 4 –11。

表 4 –11　　考虑通货膨胀物价变动后的投资项目的现金流量计算表　　单位：元

项目	第 –1 年	第 0 年	第 1 年	第 2 年	第 3 年	第 4 年	第 5 年
初始投资	(110 000)	(27 500)					
流动资金垫支		(25 000)					
营业现金流量			34 100	32 574	30 283	27 059	22 712
设备残值							37 500
流动资金回收							25 000
现金流量合计	(110 000)	(52 500)	34 100	32 574	30 283	27 059	85 212

在此基础上，计算通货膨胀物价变动后的净现值，见表 4 –12。

表 4 –12　　考虑通货膨胀物价变动后的净现值计算表　　单位：元

年度	现金流量	10% 的贴现系数 ×10% 的购买力损失	现值
–1	(110 000)	1. 000 ×1. 000 =1. 000	(110 000)
0	(52 500)	0. 9091 ×0. 9091 =0. 8264	(43 386)

续表

年度	现金流量	10% 的贴现系数 × 10% 的购买力损失	现值
1	34 100	0. 8264 × 0. 8264 = 0. 6829	23 287
2	32 574	0. 7513 × 0. 7513 = 0. 5644	18 385
3	30 283	0. 6830 × 0. 6830 = 0. 4665	14 127
4	27 059	0. 6209 × 0. 6209 = 0. 3855	10 431
5	85 212	0. 5644 × 0. 5644 = 0. 3185	27 140
			净现值 = （60 016）

【结论及建议】

考虑了通货膨胀引起的物价变动因素后，整个的现金流量情况完全改变了，净现值也从正的 3 353 元变成了负的 60 016 元，使该方案的决策结果从“应接受”转变为“应拒绝”。

【案例小结】

企业在确定投资项目可行性的时候，需要考虑各方面的因素，不仅需要包括企业内部的，还要包括企业外部的；不仅要包括微观的，还要包括宏观的各方面情况。对一项重大决策，任何疏忽和遗漏都可能造成损失，甚至是企业经营的失败。

第二节　综合性资本投资案例分析

案例一

【案例描述】

AC 公司生产的温度补偿晶体振荡器，由于优良的性能，一直供不应求，这个问题随着销量的不断增加而日益迫切，因而公司一直在考虑扩大产能。公司经过实地调研发现，目前产能受限的主要问题在于：虽然清洁车间里的清洁机器人已经满负荷工作，依然不能及时地把石英片在使用前清洁出来，这造成了大量的石英片的积压。公司打算购买和目前同一型号的专用机器人来突破瓶颈。之所以考虑购买同一型号的机器人而不是升级版的机器人，主要是考虑到：这样机器人赖以工作的软件平台就不必变更，也不需要额外再做相应的人员培训。而清洁车间的空间大小也可以容纳再加一个新的机器人来工作。

机器人的供货商是 SK 公司，该公司一直是机器人行业的领跑者，为不同的机器人使用者量身定制所需要的机器人，他们已经和 AC 公司合作多年，长期提供了先进的产品和贴心的服务。

假如你是 AC 公司的会计主管，你的上级是该公司的 CFO，你需要分析这个购置新机器人的投资计划，如果你提供的数据可靠详实，CFO 将根据你的建议正式向董事会提交计划书。

目前你只知道这个投资的期限为 5 年，购买安装机器人的费用是 1 000 000 元，而且所需资金需要完全依赖银行贷款，贷款的年利率为 7.8% 。

为了完成投资计划的评价工作，你计划怎样一步一步开展你的工作呢？

为了了解相关情况和信息，你走访了 AC 公司内部的管理会计，产品经理们，你也查阅了相关的网站，参加了很多和项目相关的会议，收集到了以下的各种可能有用相关的信息：

1. 如果新购买的机器人能够满负荷运转，其生产出的产品会使得销售额增加 4 000 000 元。

2. 但是由于维护和软件编程的需要，新的机器人只能以接近满负荷 78% 的效率来运行，这个估算有正负 10% 的误差。

3. 销货成本占到销售收入的 65%。

4. 新购入机器人的能耗成本占到销售收入的 1.25%，同时还会产生相当于五个全职人工的工资费用，总计 165 000 元。

5. 管理会计师还提到，因为新购入的机器人是安装在已有的清洁车间里，因而应当分担目前已有每年的固定的制造费用，金额为 207 000 元，这样的话清洁车间的利润就会提高。

6. 还有估计将会立刻需要提供的网络运行资金 170 000 元。

7. 五年之后将这个机器人进行售卖，预计可以得到 425 000 元。

8. 税务部门批准的设备的年折旧率为 12.5%，使用直线法折旧。而管理层对外报表所使用的年折旧率是 15%。

9. 董事会要求所有的投资项目的最小回报率为 18%。

10. 当前加权平均资本成本为 10.7%。

11. 假设公司所得税税率为 30%。

【案例阅读分析】

在这个案例中，我们需要最终提供一个投资建议，而这个投资建议必须建立在可靠详实的数据分析之上。因而我们需要使用一定的方法来进行数据分析。因为董事会要求回报率需要在 18% 以上，因而我们需要使用 IRR 内部投资回报率法，但是这个方法单独使用会有诸多的不足，因而我们还应当使用 NPV 净现值法进行不同角度的分析。不仅如此，我们还需要进行适当的风险分析，权衡其他非量化的因素，并撰写建议书。把以上任务分解和梳理之后，可按照下列简单的步骤逐一完成：

1. 构建与投资决策相关的增量现金流。
2. 计算净现值 NPV，计算内部回报率 IRR。
3. 进行适当的风险评估。
4. 讨论非量化因素可能对方案造成的影响。
5. 撰写项目投资建议书。

【数据分析】

为了构建增量现金流，我们首先要从已经获得的信息中提炼有用的相关信息，剔除无关信息。对我们所获得的 11 条信息的逐条分析，我们可以发现由管理会计提供的应当由新机器人分摊掉的 20.7 万元的固定制造费用这一条信息，不是相关信息。因为固定的制造费用，不会因为新增加，设备而增加，也不会因为设备减少而减少，也就是说，它在新旧两者之间没有造成差别，因而不属于相关信息。

根据下面的公式：

净现金流量 = 投资现金流量 + 营业现金流量 - 项目终止现金流量

首先，我们需要制作出该项目的营业现金流量表（表 4 - 13），这里我们把产量假定为接近满负荷上限的 78%。

表 4 - 13　　投资项目营业现金流表　　单位：万元

项目	第 1 年	第 2 年	第 3 年	第 4 年	第 5 年
销售收入	(312)	(312)	(312)	(312)	(312)
销货成本	(312 ×65%)	(312 ×65%)	(312 ×65%)	(312 ×65%)	(312 ×65%)
其他费用（电费）	(312 ×1.25%)	(312 ×1.25%)	(312 ×1.25%)	(312 ×1.25%)	(312 ×1.25%)
工资	(16.5)	(16.5)	(16.5)	(16.5)	(16.5)
折旧费	(12.5)	(12.5)	(12.5)	(12.5)	(12.5)
税前利润	76.3	76.3	76.3	76.3	76.3
所得税（税率 30%）	(22.89)	(22.89)	(22.89)	(22.89)	(22.89)
税后利润	53.41	53.41	53.41	53.41	53.41
现金流量	65.91	65.91	65.91	65.91	65.91

接下来，我们在得到的营业现金流数据基础上制作项目的总体现金流量表，如表 4 - 14 所示。

表 4 - 14　　现金流净现值表　　单位：万元

项目	第 0 年	第 1 年	第 2 年	第 3 年	第 4 年	第 5 年
初始投资	(100)					
流动资金垫支	(17)					
营业现金流量		65.91	65.91	65.91	65.91	65.91
设备售价						42.5
设备出售税款						(1.5)
流动资金收回						17
现金流量合计	(117)	65.91	65.91	65.91	65.91	123.91
贴现系数 10.7%	1	0.9033	0.8160	0.7371	0.6659	0.6015
现金流现值	(117)	59.5365	53.7826	48.5823	43.8895	74.5319
现金流净现值	163.3353					

表 4 - 14 中税款的计算如下：

设备购入成本：　　100（万元）

　　减：折旧金额　　12.5 ×5 =62.5（万元）

　　得：设备账面净值　　37.5（万元）

旧设备出售收入：　　42.5（万元）

　　减：设备账面净值　　37.5（万元）

　　得：设备销售应税所得　　5（万元）

所得税率 30%，则设备销售应纳所得税金额为：

5 ×30% =1.5（万元）

如果根据公司董事会要求达到18%的回报率，则需要现金流净现值最少为：

$$NPV = -1\ 170\ 000 + \sum_{i=1}^{4} \frac{659\ 100}{(1.18)^{i}} + \frac{1\ 239\ 100}{(1.18)^{5}} = 1\ 144\ 642（元）$$

或表示为：

$$NPV = -1\ 170\ 000 + 659\ 100 \times (1.18)^{-1} + 659\ 100 \times (1.18)^{-2} + 659\ 100 \times (1.18)^{-3} + 659\ 100 \times (1.18)^{-4} + 1\ 239\ 100 \times (1.18)^{-5} = 1\ 144\ 642（元）$$

计算该项目的内部回报率 IRR：

$$NPV = -1\ 170\ 000 + \sum_{i=1}^{4} \frac{659\ 100}{(IRR)^{i}} + \frac{1\ 239\ 100}{(IRR)^{5}}$$

或表示为：

$$NPV = -1\ 170\ 000 + 659\ 100 \times (IRR+1)^{-1} + 659\ 100 \times (IRR+1)^{-2} + 659\ 100 \times (IRR+1)^{-3} + 659\ 100 \times (IRR+1)^{-4} + 1\ 239\ 100 \times (IRR+1)^{-5}$$

令 NPV =0，可以解出 IRR = 52.7%要大于董事会规定的下线18%。

以上的数据分析结果显示：项目预计的净现值为：163.3353万元，要大于公司要求的最小值：114.4642万元，预计内部回报率52.7%，也要大于董事会规定的下线18%，这个项目应该是有利可图的，那么下一步就可以进行敏感性分析和风险分析。

我们在前面的案例阅读中了解到，这个新机器人最可能以78%的生产能力进行生产，但是这个百分比有正负10%的误差。那么，我们看看在最好和最坏的情况下会发生什么，也就是对它进行敏感性分析。我们分别使用产能的最低限68%和最高限88%，企业要求最低回报率为18%，加权平均资本成本为10.7%，来计算 NPV 和 IRR，并且计算 NPV 达到平衡点的产能要求，而后对结果进行平价与分析。

表4－15　单位：元

生产能力	净现值（18%）	净现值（10.7%）	IRR
68%	849 124	1 281 438	44.0%
78%	1 144 642	1 633 353	52.7%
88%	1 440 159	1 985 267	61.3%
NPV 平衡点生产能力水平	39.3%	31.6%	

从表4－15可以看出，无论是生产能力在预计范围的高值或者低值，该项目的 NPV 和 IRR 都可以满足公司要求，只要在生产能力大于31.6%时依然可以获得盈利，因而可以说风险比较小。

【非定量因素分析】

1. 新机器人将和现有机器人使用同样的软件平台，这样就可以节省一笔员工培训费用，并不需要对现有系统进行改动。

2. 供应商的资质。供应商是该领域的领跑者，技术和服务是可靠的，应优先其他供应商进行考虑。

3. 生产能力不足导致的供不应求，说明了市场容量大，如果不能够及时填补市场需求，就可能给竞争对手留下可乘之机，因而提高产能是必须快速解决的问题。

【结论和建议】

通过分析计算项目的净现值情况和内部回报率，我们可以看到该项目净现值为正；计算得到的 IRR 不仅满足公司内部 18% 回报率的最低要求，还有较好的风险阀值；同时该项目对于提高公司产品的竞争力和市场占有率非常有益；因而强烈建议公司尽快启动该项目。

【案例小结】

在这个案例中，我们涉及的专业知识点有：如何使用 NPV 与 IRR 进行投资决策分析；如何进行投资敏感性分析和投资风险评估；利用非量化指标辅助决策，其中涉及税收折旧率的选择使用问题。

案例二

【案例描述】

万通公司是一家汽车零件生产销售厂商，目前，它的年销售额达到 65 000 000 元，年净利润为 6 500 000 元。最近万通公司获得一家著名克罗地亚汽车零件生产厂商的许可，能够在中国独家销售该公司的电动超跑汽车零件。万通公司可以有两种选择：一是直接进克罗地亚原装汽车零件进行销售；二是引进该种超跑汽车零件生产线，在国内进行生产并销售。

万通公司目前厂区面积巨大、有空置厂房，可以在建设新的生产线的同时不影响原有的生产和销售。

作为该公司的高级会计人员，你需要为公司决策层提供该项目两种方案的比较和评估建议。

从公司不同部门收集到的信息如下：

1. 销售部门预测的销量：

第一年销售量：100 000 件，单价 50 元/件。

第二年销售量：增加 50%。

第三年销售量：增加 33. 3%。

第四年销售量：增加 20%。

第五年销售量：增加 25%。

第六年至第 10 年，销量稳定不再增长。

销售价格预计在第五年末会增长 10%。

估计项目建设初期两年的汇率为 1 元 =0. 76 库纳①。

项目后期的汇率为 1 元 =0. 75 库纳。

本地运输公司报价的国际运费成本估计会占到货物成本的 8%。

购入汽车零件的 FOB 单价为 25 库纳/件。

2. 员工培训：

生产人员培训费用：每人预计 560 元，需要培训人数 60 人；员工每年的流动率为 15%。

3. 税费：

所得税税率：30%。

加权平均资本成本 12%。

---

① 库纳：克罗地亚目前的流通货币。

新产品带来的管理费用增长为产品售价的 5%。

销售费用产品为售价的 10%。

4. 制造成本：

新产品直接材料单位成本：10 元。

新产品的直接人工成本：工人工资：16.667 元/小时。

单件产品耗时 0.75 小时。

新产品单位变动制造费用：5 元/人工小时。

购入生产设备价格：8 000 000 库纳。

生产设备安装费用：1 600 000 元。

5. 折旧：

税务机关要求折旧年限 15 年。

会计折旧年限采用直线法：10 年。

设备到期的出售价格：3 000 000 元。

设备拆除费用 560 000 元。

6. 货款延迟情况：

因为赊销产生的应收款将占每年销售额的 10%。

本地赊购支付条件：提供服务或商品后 30 天内。

国外赊购支付条件：提供服务或商品后 60 天内。

增加商品库存需等待时间：

产品制造周期：1 个月。

产品运输进口运输周期：2 个月。

综合以上信息计算出的 WACC 年折现系数，如表 4-16 所示。

表 4-16　折现系数表

当年	第 1 年	第 2 年	第 3 年	第 4 年	第 5 年
1.000	0.893	0.797	0.712	0.636	0.567
第六年	第七年	第八年	第九年	第十年	第十一年
0.507	0.452	0.404	0.361	0.322	0.287

【案例阅读分析】

在这个案例中，我们需要在两个方案中决定选取哪一个方案，因而我们可以分别计算两个方案的净现值，并进行比较，选取净现值较大的那个方案；而后我们可以对影响净现值的因素进行敏感性分析；讨论一下其他非量化因素可能对于方案选择的影响。

【数据分析】

表 4-17　销售收入变化情况　单位：元

年份	销售量	单价	销售收入
1	100 000	50	5 000 000
2	150 000	50	7 500 000
3	199 950	50	9 997 500

续表

年份	销售量	单价	销售收入
4	239 940	50	14 996 250
5	299 925	50	16 495 875
6	299 925	55	16 495 875
7	299 925	55	16 495 875
8	299 925	55	16 495 875
9	299 925	55	16 495 875
10	299 925	55	16 495 875

表 4－18　　**购货成本变化情况**　　外币单位：库纳　人民币单位：元

年份	外币购货价	汇率	人民币购货价	运费	到岸价
1	2 500 000	0.76	3 289 474	263 158	3 552 632
2	3 750 000	0.76	4 934 211	394 737	5 328 947
3	4 998 750	0.75	6 665 000	533 200	7 198 200
4	5 998 500	0.75	7 998 000	639 840	8 637 840
5	7 498 125	0.75	9 997 500	799 800	10 797 300
6	7 498 125	0.75	9 997 500	799 800	10 797 300
7	7 498 125	0.75	9 997 500	799 800	10 797 300
8	7 498 125	0.75	9 997 500	799 800	10 797 300
9	7 498 125	0.75	9 997 500	799 800	10 797 300
10	7 498 125	0.75	9 997 500	799 800	10 797 300

表 4－19　　**产品变动成本变化情况**　　单位：元

年份	直接材料	直接人工	变动制造费用	变动产品成本
1	1 000 000	1 250 000	375 000	2 625 000
2	1 500 000	1 875 000	562 500	3 937 500
3	1 999 500	2 499 250	749 813	5 248 688
4	2 399 400	2 999 250	899 755	6 298 425
5	2 999 250	3 749 063	1 124 719	7 873 031
6	2 999 250	3 749 063	1 124 719	7 873 031
7	2 999 250	3 749 063	1 124 719	7 873 031
8	2 999 250	3 749 063	1 124 719	7 873 031
9	2 999 250	3 749 063	1 124 719	7 873 031
10	2 999 250	3 749 063	1 124 719	7 873 031
11	2 999 250	3 749 063	1 124 719	7 873 031

有了以上基础的信息计算之后，我们来计算一下如果直接购买商品进行分销的方案会带来怎样的净现值。在计算净现值之前，我们需要明确以下几点：

1. 可以推断设备最终出售以及进行相关的账项调整都是在项目终结之后，既第 11 年度。因为案例中提到了设备拆除的费用是560 000元，这条信息能够提示我们，这个拆除过程是耗时耗力的，不可能在第10年度末一下子完成。

2. 设备最终的销售收入计算应当用旧设备的出售得到的3 000 000元扣除了拆除成本560 000元，为2 440 000元。

3. 税收折旧额的计算应当采用所适用的税收折旧率，即：设备成本减去最后可回收的现金流，除以税收折旧年限15年。

4. 设备进口价：8 000 000库纳。

汇率：1元=0.76库纳

设备人民币价格：8 000 000÷0.76=10 526 316（元）

设备安装成本：1 600 000（元）

所以整个设备成本为10 526 316+1 600 000=12 126 316（元）

折旧税率的计算：整个设备成本+拆除的费用-最后的设备出售收入，得到折旧税额总额：12 126 316+560 000-3 000 000=9 686 316（元）。

再用这个总额除以税收要求的折旧年限15，就得到年折旧为：645 754（元）。

设备成本：12 126 316（元）。

　　减：10年税收折旧额6 457 540（元）

账面净值：5 668 776（元）

　　减：老旧设备出售收入2 440 000（元）

固定资产清理损失：3 228 776（元）

可获得的税收优惠：30%×3 228 776=968 633（元）

5. 在第一年，购入商品进行销售和本地生产商品进行销售两种方案中，因商品出售中进行赊销而产生的应收账款额（短期债权）是一样的。都是总销售额的10%，即：5 000 000×10%=500 000（元）而在随后的几年里，销售额会不断上涨，除了上期递延到本期的回款，填补了本期的部分应收款额，两期之间销售额的差值的10%，依然有应收账项差额。

6. 第一年度，购入商品进行销售的方案中，由于赊购（延迟付款）产生的应付账款（短期债务）计算：

3 289 474（货款）×2/12+263 158（本地运货商的运费）×1/12=570 176（元）

7. 第一年度，在本地制造商品进行销售的方案中，由于赊购（延迟付款）产生的应付账款（短期债务）的计算：（1 000 000+375 000）×1/12=114 583（元）。

其中，1 000 000元为直接材料购买成本，付款可延迟1个月；375 000元为变动的制造，付款可延迟1个月。

8. 第一年度，在购入商品进行销售的方案中，商品由于运输周期需要两个月而造成的到货延迟，从而产生的短期债权为：3 552 632×2/12=592 105（元）。

9. 第一年度，制造方案中由于生产过程导致的延迟，而产生的的短期现金流出为：2 625 000×1/12=218 750（元），因为生产周期需要一个月。

根据以上基础数据的计算结果，我们可以分别准备下面两个方案的净现值计算表，如表4-20，表4-21所示。

表 4 －20　　直接购入产品分销的 NPV 计算表

年数	0	1	2	3	4	5	6	7－10	11
销售收入		5 000 000	7 500 000	9 997 500	11 997 000	14 996 250	16 495 875	65 893 500	
购货成本		(3 552 632)	(5 328 947)	(7 198 200)	(8 637 840)	(10 797 300)	(10 797 300)	(43 189 200)	
增加管理费		(250 000)	(375 000)	(499 875)	(599 850)	(749 813)	(824 794)	(3 299 175)	
增加销售费		(500 000)	(750 000)	(999 750)	(1 199 700)	(1 499 625)	(1 649 588)	(6 598 350)	
应税利润		697 368	1 046 053	1 299 675	1 599 610	1 949 512	3 224 193	12 896 775	
所得税		(209 210)	(313 816)	(389 903)	(467 883)	(584 854)	(967 258)	(3 869 033)	
税后利润		488 185	732 237	909 772	1 091 727	1 364 658	2 256 935	9 027 742	
增量运营资本									
应收账款		(500 000)	(250 000)	(249 750)	(199 950)	(299 925)	(149 963)		1 649 588
应付账款		570 175	285 088	300 004	231 053	346 580			(1 732 900)
商品运输延迟		(592 105)	(296 053)	(311 542)	(239 940)	(359 910)			1 799 550
现金流		33 772	471 272	648 484	882 890	1 051 403	2 016 972	9 027 742	1 716 238
折现率 12%		0. 893	0. 797	0. 712	0. 636	0. 567	0. 507	0. 385	0. 287
折现现金流		(30 158)	375 604	461 721	561 518	596 146	1 068 235	3 473 424	492 560
净现值	6 999 048								

表 4－21　　在本地生产产品销售的 NPV 计算表

年数	0	1	2	3	4	5	6	7－10	11
销售收入		5 000 000	7 500 000	9 997 500	11 997 000	14 996 250	16 495 875	65 893 500	
生产成本		(2 625 000)	(3 937 500)	(5 284 688)	(6 298 425)	(7 873 031)	(7 873 032)	(31 492 125)	
员工培训费		(33 600)	(5 040)	(5 040)	(5 040)	(5 040)	(5 040)	(20 160)	
增加管理费		(250 000)	(375 000)	(499 875)	(599 850)	(749 813)	(824 794)	(3 299 175)	
增加销售费		(500 000)	(750 000)	(999 750)	(1 199 700)	(1 499 625)	(1 649 588)	(6 598 350)	
折旧		(645 754)	(645 754)	(645 754)	(645 754)	(645 754)	(645 754)	(2 583 016)	(3 228 770)
应税所得		488 185	732 237	909 772	1 091 727	1 364 658	2 256 935	9 027 742	(3 228 770)
所得税		(283 694)	(536 012)	(779 518)	(974 469)	(1 266 896)	(1 649 300)	(6 597 202)	968 632*
税后利润		661 952	1 250 694	1 818 875	2 273 762	2 956 091	3 848 368	15 393 472	(2 260 139)
折旧税盾		645 754	645 754	645 754	645 754	645 754	645 754	2 583 016	3 228 770
机器成本	(12 126 316)								
增量运营资本									
应收账款		(500 000)	(250 000)	(249 750)	(199 950)	(299 925)	(149 963)		1 649 588
应付账款		114 583	57 292	57 234	45 822	68 733			(343 664)
商品生产延迟		(218 750)	(109 375)	(109 266)	(87 478)	(359 910)			656 086
现金流	(12 126 316)	703 539	1 594 365	2 162 847	2 677 910	3 239 436	4 344 159	17 976 490	5 370 645
折现率 12%	1. 000	0. 893	0. 797	0. 712	0. 636	0. 567	0. 507	0. 385	0. 287
折现现金流	(12 126 316)	628 261	1 270 709	1 539 947	1 703 151	1 836 760	2 202 488	6 916 454	1 541 375
净现值	5 512 829								

【结论及建议】

对比数据分析阶段的两张净现值计算表，我们可以看到：如果直接进口产品进行销售，得到的净现值结果是 6 999 048 元，而如果进口设备在本土生产，计算得到的净现值结果是：5 512 829 元。显然直接进口产品会给企业带来更大的利益。

但是，我们估算的基础参数可能都有变化空间：各种成本涨价幅度、汇率的浮动，加权平均资本成本值，都有可能发生变化，所以这个计算结果并非一成不变。

同时还应当考虑的非定量因素有：货源的稳定性，是否在未来十年内都能够保证同样的品质和供货能力；远距离运输带来的各种风险等。

【案例小结】

本案例涉及的专业知识点有：如何计算和应用加权平均资本成本；如何使用 NPV 进行投资决策分析；利用非量化指标辅助决策。

这是一个包含了诸多因素的复杂案例，涉及基本商品或产品的成本核算，汇率、税率、通货膨胀因素等方面的 NPV 计算，需要大家对以往的知识概念清晰，运用正确，有较高的综合性。

第五章　预算管理

学习目标

知识目标：

学会运用企业预算管理中的各种管理会计分析方法；熟练使用各种预算以合理配置企业资源，提高管理绩效；了解并熟悉预算编制过程中应当注意的各方面因素，并能够对预算控制效果予以适当的评价和判断。

能力目标：

在了解和掌握相关预算管理知识的基础上，通过本章的一般性案例分析，能够独立分析本章相关的综合性案例；在熟悉一般性预算管理案例分析思路的基础上，根据企业的资源现状和企业的需要编制预算，进行预算管理。

本章教学建议

本章两节分别从一般性知识点掌握和综合性知识点运用两个方面整理了几个案例，所列举的几个案例都提供了相应的案例分析思路和分析方法，旨在启发和提高学生思考和分析问题的能力。一般性案例分析部分需要结合预算管理部分相应的知识点，需要教师在预先回顾相应知识点的基础上，引导学生完成第一节几个案例的深入分析。综合性案例分析旨在检验和提高学生分析问题与理论联系实际的能力，因此，可以通过小组讨论、PPT 展示等方式，以学生为主体来完成。

第一节　一般性预算管理案例分析

案例一

【案例描述】

丽人商店是薛荣于 2×19 年初开设在海边的一家专门销售 T 恤的商店。经过两年的经营，商店总体经营情况良好，当年净利润为正。2×21 年年初薛荣与身为企业会计主管的好友小丽喝茶聊天，从中了解到预算的重要性，因此，薛荣决定对商店 2×21 年的销售和现金收入分别进行预算。在会计主管好友的帮助下，薛荣结合 2×19 年和 2×20 年商店每个季度销售情况，以及对未来整体经济环境的预测，对 2×21 年商店的销售情况进行了预测，具体的预计销售数据，如表5－1所示。

表5－1　2×21年商店预计的基本销售数据

项目	数据
目前商品单价	190元
预计商品单价	200元
第1季度预计销售量	300件
第2季度预计销售量	600件
第3季度预计销售量	400件
第4季度预计销售量	450件
预计销货款的收回	当季收回70%货款，30%货款下一季度收回，第1季度收回上年第4季度应收账款18 000元

根据以上提供预计的数据，请你协助薛荣编制2×21年的销售预算和销售现金收入预算。

【案例阅读分析】

通过阅读案例我们可以知道，本案例考察的是经营预算中的销售预算和现金收入预算的编制。销售预算是经营预算的第一个构成部分，同时也是全面预算的基础。因此，销售预算将对其他预算产生影响。在编制销售预算的时候，一定要认真考虑企业有关定价、生产线、任务分配、材料采购等等方面的因素。

【数据分析】

首先，我们要通过商店2×21年的预计销售量和预计商品单价来编制2×21年的销售预算，其中，预计销售额＝预计销售量×销售单价。我们可以得到商店2×21年销售预算表，如表5－2所示。

表5－2　丽人商店2×21年销售预算表

季度	第1季度	第2季度	第3季度	第4季度	全年总计
预计销售量（件）	300	600	400	450	1 750
销售单价（元）	200	200	200	200	200
预计销售额（元）	60 000	120 000	80 000	90 000	350 000

其次，我们可以根据销售预算，以及商店销货款收回的预计情况，估计商店2×21年每个季度的预计现金收入金额，并据以编制预计现金收入表，具体如表5－3。

其中：上季应收销货款＝上季预计销售额×30%；

本季销货款＝预计销售额×70%；

现金收入合计＝上季应收销货款＋本季销货款

表5－3　丽人商店2×21年销售现金收入预算表　单位：元

季度	第1季度	第2季度	第3季度	第4季度	全年总计
年初应收账款	18 000				18 000
第1季度销售回款	42 000	18 000			60 000

续表

季度	第 1 季度	第 2 季度	第 3 季度	第 4 季度	全年总计
第 2 季度销售回款		84 000	36 000		120 000
第 3 季度销售回款			56 000	24 000	80 000
第 4 季度销售回款				63 000	63 000
现金收入合计	60 000	102 000	92 000	87 000	341 000

【结论及建议】

通过上述分析，我们协助薛荣完成了商店 2×21 年度的销售预算和销售现金收入预算。无论是制造业企业，还是商品零售企业，销售预算都是最基本的，也是很重要的。当然，在编制销售预算和销售现金收入预算的过程中，企业都需要全面考虑自身情况，以及与供货商、客户谈判情况等因素，力求所编制的预算尽可能与实际相符。企业可以根据自身状况和发展阶段，选择某一方面的预算。

【案例扩展问题】

本案例中商店 2×21 年每个季度的预计销售量是按照已知条件给出了，那如果没有直接给出，需要根据以前年度进行推算的时候，那么销售预算将比现在要复杂一些。在现金收入预算部分，第 2～4 季度的销货款收回均遵循了一致的原则，那么假设第 2 季度当季收回 70%，下一季度收回 30%；第 3 季度当季收回 65%，下一季度收回 35%；第 4 季度当季收回 60%，下一季度收回 40%，这种情况下，销售现金收入预算又应该如何编制？

【案例小结】

本案例中涉及的知识点：销售预算和销售现金收入预算的编制。

本案例中对所涉及知识点应用能力的要求：了解和掌握销售预算的重要性，以及销售预算、销售现金收入预算的编制思路。

案例二

【案例描述】

A 公司是一家以生产销售电冰箱为主的公司，为更好地配置公司经济资源，提高公司核心竞争力，公司 2×19 年引入了全面预算管理体制，并成立了预算管理委员会，李丽为公司的预算管理委员会的负责人。2×20 年底预算管理委员会根据目前的情况，对 2×21 年度的销售量做出了预测，预计第二年第一季度至第四季度的销售量分别为 2 500 台、3 000 台、4 000台和 3 500 台。公司董事长找李丽谈话，要求其部门根据公司情况编制生产预算、直接人工预算和直接材料预算。A 公司的一些相关财务数据，如表 5－4 所示。

表 5－4　A 公司相关财务数据

项目	数据
每个季度的电冰箱产成品期末结存量	下一季度预计电冰箱销售量的 15%
年初产成品结存量	600 台
年末结存量	450 台
每台电冰箱的材料消耗定额	2 千克/台

续表

项目	数据
每台电冰箱的工时定额	3 小时/台
单位工时的工资额	18 元
每个季度的材料期末结存量	下一季度预计生产需用量的 15%
年初材料结存量	450 千克
年末材料结存量	500 千克
材料的计划单价	12 元/千克
材料采购款支付方式	当季度付 60%，下季度付 40%
年初应付账款余额	20 000 元

假设你是李丽，现在需要根据上述资料为公司编制生产预算、直接人工预算和直接材料预算，请你来分析一下。

【案例阅读分析】

通过阅读案例我们可以知道，本案例考察的是经营预算中的生产预算、直接人工预算和直接材料预算，其中生产预算是关于预算期产品销售数量、期初和期末产成品存货和生产数量的预算，是在销售预算的基础上，结合预算期期初存量、预算期期末存量编制的。

预计生产量 = 预计销售量 + 预计期末产成品存货 - 预计期初产成品存货

直接人工预算是关于预算期产品生产直接耗用人工工时及费用的预算，以生产预算为基础编制；直接材料预算是关于预算期产品生产直接耗用原材料及原材料采购的预算，也是以生产预算为基础编制的，还要考虑预算期期初、期末的原材料存量。

预计材料采购量 = 预计生产需用量 + 预计期末材料存量 - 预计期初材料存量

【数据分析】

首先来编制生产预算，2×21 年度每个季度的销售量在上文中已经作出预计，又因为每个季度的电冰箱产成品期末结存量为下一季度预计电冰箱销售量的 15%，且年初产成品结存量为 600 台，年末结存量为 450 台，因此可以得出：

第一季度的预计期末结存量 = 3 000 × 15% = 450（台）

第二季度的预计期末结存量 = 4 000 × 15% = 600（台）

第三季度的预计期末结存量 = 3 500 × 15% = 525（台）

第四季度的预计期末结存量 = 450（台）

由此我们能得出每个季度的预计期初结存量，分别为 600 台、450 台、600 台和 525 台。

通过以上数据我们可以为 A 公司编制 2×21 年度的生产预算，如表 5-5 所示。

表 5-5　　A 公司 2×21 年度生产预算　　单位：台

项目	第 1 季度	第 2 季度	第 3 季度	第 4 季度	全年
预计销售量	2 500	3 000	4 000	3 500	13 000
加：预计期末结存量	450	600	525	450	450
减：预计期初结存量	600	450	600	525	600
预计生产量	2 350	3 150	3 925	3 425	12 850

然后编制直接人工预算，我们已经知道一台电冰箱的工时定额为3小时/台，单位工时的工资额为18元，在上述生产预算的基础上，可以得出：

第一季度人工总工时 =2 350 ×3 =7 050（小时）

第二季度人工总工时 =3 150 ×3 =9 450（小时）

第三季度人工总工时 =3 925 ×3 =11 775（小时）

第四季度人工总工时 =3 425 ×3 =10 275（小时）

再将各季度的人工总工时与单位工时的工资额相乘可以得出各季度的预计直接人工成本，如表5－6所示。

表5－6　　　　A公司2×21年度直接人工预算

项目	第1季度	第2季度	第3季度	第4季度	全年
预计生产量（台）	2 350	3 150	3 925	3 425	12 850
单位产品工时（小时/台）	3	3	3	3	3
人工总工时（小时）	7 050	9 450	11 775	10 275	38 550
每小时直接人工成本（标准小时工资率）	18	18	18	18	18
预计直接人工成本（元）	126 900	170 100	211 950	184 950	693 900

最后编制直接材料预算，我们已经知道一台电冰箱的材料消耗定额为：2千克/台，根据生产预算得出的各季度预计生产量，可以算出各季度材料的预计生产需用量，即预计生产需用量等于预计生产量与每台电冰箱的材料消耗定额相乘，可以得出各季度预计生产需用量分别为4 700千克、6 300千克、7 850千克和6 850千克。

我们还知道A公司每个季度的材料期末结存量为下一季度预计生产需用量的15%，同时，从表5－4中可以得出，年初材料结存量为450kg，年末材料结存量为500kg，因此可以得出：

第一季度预计期末结存量 =6 300 ×15% =945（千克）

第二季度预计期末结存量 =7 850 ×15% =1 177.5（千克）

第三季度预计期末结存量 =6 850 ×15% =1 027.5（千克）

第四季度预计期末结存量 =550（千克）

上季度期末等于本季度期初，由此可以得出各季度的预计期初结存量，依据公式可以得出预计的材料采购量，又由于生产电冰箱的材料计划单价为12元/千克，可以得出预计购料金额。此外，材料采购款当季度付60%，下季度付40%，年初应付账款余额为20 000元，可以得出预计的现金支出情况，如表5－7所示。

表5－7　　　　A公司2×21年度直接材料预算　　　　单位：元

项目	第1季度	第2季度	第3季度	第4季度	全年
预计生产量（台）	2 350	3 150	3 925	3 425	12 850
单位产品直接材料耗用量（千克）	2	2	2	2	2
预计材料需用量（千克）	4 700	6 300	7 850	6 850	25 700

续表

项目	第1季度	第2季度	第3季度	第4季度	全年
加：期末直接材料库存量（千克）	945	1 177.5	1 027.5	500	500
预计材料需求量（千克）	5 645	7 477.5	8 877.5	7 350	29 350
减：期初直接材料库存量（千克）	450	945	1 177.5	1 027.5	450
预计直接材料采购量（千克）	5 195	6 532.5	7 700	6 322.5	25 750
直接材料单位价格（元/千克）	12	12	12	12	12
预计直接材料采购金额（元）	62 340	78 390	92 400	75870	309 000
期初应付账款余额	20 000				20 000
第1季度购买支出	37 404	24 936			62 340
第2季度购买支出		47 034	31 356		78 390
第3季度购买支出			55 440	36 960	92 400
第4季度购买支出				45 522	45 522
预计采购直接材料现金支出	57 404	71 970	86 796	82 482	298 652

【结论及建议】

通过上述分析，我们完成了A公司2×21年度生产预算、直接人工预算和直接材料预算的编制。在经营预算中，各种预算之间的关系错综复杂，正如本案例中生产预算的编制是后续两个预算编制的基础，应当先进行生产预算的编制，因此企业在进行经营预算编制时，应当综合考虑哪些预算先编制，哪些预算后编制。

【案例扩展问题】

在本案例中没有涉及某种预算是其他几种预算汇编而成的情况，如果本案例加上产品成本预算，又应当如何编制呢？

【案例小结】

本案例中涉及的知识点：生产预算、直接人工预算和直接材料预算。

本案例中对所涉及知识点应用能力的要求：能够正确的将销售预算和生产预算结合起来得出预计生产量，能够依据生产预算计算出预计材料采购量，并根据企业的付现规则，计算出各季度的现金支出。

案例三

【案例描述】

华夏公司是一家生产电子零件的公司。近年来，由于各种因素，华夏公司的经营业绩出现了持续下滑的迹象。为了扭转业绩下滑的趋势，实现公司提质增效，华夏公司决定强化全面预算管理，调整和补充原有预算方案。由于传统的定期预算管理无法及时适应市场变化，因此，对其生产车间采取逐期滚动的方式编制制造费用预算。现已知华夏公司2×21年度生产车间各个季度的制造费用预算数据，如表5-8所示（其中间接材料费用忽略不计）。

表 5 – 8　　　　2 × 21 年制造费用预算　　　　单位：元

项目			2021 年度				合计
			第 1 季度	第 2 季度	第 3 季度	第 4 季度	
直接人工预算总工时（小时）			5 700	6 030	6 180	6 300	24 210
制造费用	变动制造费用	间接人工费用	25 080	26 532	27 192	27 720	106 524
		水电与维修费用	20 520	21 708	22 248	22 680	87 156
		合计	45 600	48 240	49 440	50 400	193 680
	固定制造费用	设备租金	19 300	19 300	19 300	19 300	77 200
		生产管理人员工资	8 700	8 700	8 700	8 700	34 800
		合计	28 000	28 000	28 000	28 000	112 000
	制造费用合计		73 600	76 240	77 440	78 400	305 680

假设 2 × 21 年 3 月 31 日公司预算管理委员会的负责人在编制 2 × 21 年第二季度至 2 × 22 年第一季度滚动预算时，发现未来四个季度中将出现以下情况：

（1）间接人工费用预算工时分配率将上涨 20%。

（2）原生产设备的租赁合同到期，公司新签订的租赁合同中设备年租金将降低 10%。

（3）预计直接人工总工时见表 5 – 9。假定水电与维修费用预算工时分配率等其他条件不变。

如果你是华夏公司预算管理委员会的负责人，被要求为完成车间制造费用滚动预算的编制，完成以下的分析与计算：

（1）以直接人工工时为分配标准，计算下一滚动期间的间接人工费用预算工时分配率、水电与维修费用预算工时分配率。

（2）根据有关资料计算下一滚动期间的间接人工费用总预算额、每季度设备租金预算额。

（3）计算填列表 5 – 9 中用字母表示的项目。

表 5 – 9　　　　2 × 21 年第 2 季度 ~ 2 × 22 年第 1 季度制造费用预算　　　　单位：元

项目		2 × 21 年度			2 × 22 年度	合计
		第 2 季度	第 3 季度	第 4 季度	第 1 季度	
直接人工预算总工时（小时）		6 050	略	略	5 860	24 210
变动制造费用	间接人工费用	A	略	略	B	略
	水电与维修费用	C	略	略	D	略
小计		略	略	略	略	略
固定制造费用	设备租金	E	略	略	略	略
	生产管理人员工资	F	略	略	略	略
小计		略	略	略	略	略
制造费用合计		79 794	略	略	略	略

【案例阅读分析】

通过阅读案例我们可以知道，本案例考察的是经营预算中的制造费用预算，制造费用预算是关于预算期产品生产所需制造费用的预算，变动制造费用以生产预算为基础来编制，固定制造费用需要逐项进行预计，通常与本期产量无关，可按各期实际需要的支付额预计，然后求出全年数；然后，还考察了制造费用分配率的计算，我们知道：

制造费用分配率 = 不扣除折旧、摊销等的制造费用预算额 ÷ 预算直接人工总工时

此外，华夏公司编制制造费用预算采用的滚动预算法（又称连续预算法、永续预算法）是在上期预算完成情况的基础上，调整和编制下期预算，并将预算期间逐期连续向后滚动推移，使预算期间保持一定的时期跨度，有利于考虑未来的业务活动。正如本案例中提到的，当间接人工费用预算工时分配率将上涨 20% 和公司新签订的租赁合同中设备年租金将降低 10% 等实际情况发生变化时，采用滚动预算法能够使预算随时间的推进不断加以调整和修订，使预算与实际情况更相适应。

【数据分析】

首先解决第一个问题，原间接人工费用预算工时分配率 = 106 524 ÷ 24 210 = 4.4（元/小时），2×21 年 3 月 31 日发现未来四个季度中间接人工费用预算工时分配率将上涨 20%，水电与维修费用预算工时分配率不变，因此得出：

下一滚动期间的间接人工费用预算工时分配率 = 4.4 ×（1 + 20%）= 5.28（元/小时）

下一滚动期间的水电与维修费用预算工时分配率 = 87 156 ÷ 24 210 = 3.6（元/小时）

然后解决第二个问题，上面已经求出了下一滚动期间的间接人工费用预算工时分配率，由此可以得出：

下一滚动期间间接人工费用总预算额 = 5.28 × 24 210 = 127 828.8（元）；

由于原生产设备的租赁合同到期，公司新签订的租赁合同中设备年租金将降低 10%，因此：

下一滚动期间每季度设备租金预算额 = 19 300 ×（1 − 10%）= 17 370（元）。

最后解决第三个问题，根据上面求出的下一滚动期间的间接人工费用预算工时分配率和下一滚动期间每季度设备租金预算额，水电与维修费用分配率和生产管理人员工资不变，由此可以求出表 5 − 9 中未知的字母：

A = 6 050 × 5.28 = 31 944（元）

B = 5 860 × 5.28 = 30 940.8（元）

C = 6 050 × 3.6 = 21 780（元）

D = 5 860 × 3.6 = 21 096（元）

E = 17 370（元）

F = 8 700（元）

【结论及建议】

通过上述分析，我们完成了华夏公司车间的 2×21 年度制造费用预算的编制。在编制制造费用预算时应当分为变动制造费用和固定制造费用分别计算，还应当采取恰当的预算编制方法，比如本案例中采用的滚动预算法，提高预算编制的持续性，充分发挥预算的指导和控制作用。除滚动预算法外，还有零基预算法和弹性预算法等可以避免一些传统预算方法的缺陷，企业可以根据实际情况选择最合适的预算编制方法。

【案例扩展问题】

本案例中水电与维修费用预算工时分配率和每季度管理人员工资预算没有发生变化，如

果水电与维修费用预算工时分配率下降 20%，每季度管理人员工资上涨 10%，那么华夏公司车间下一滚动期间的制造费用预算又应当如何编制？

【案例小结】

本案例中涉及的知识点：制造费用预算的编制。

本案例中对所涉及知识点应用能力的要求：识别变动制造费用和固定制造费用，对二者采取不同的计算方法；滚动预算法下，公司情况发生变化时，如何计算新的制造费用分配率。

案例四

【案例描述】

成成加工厂成立于 2×19 年，专门承接木制家具、办公用品的定制、加工服务。经过两年的发展，该加工厂发展逐渐趋于稳定和正规化，加工厂负责人李丽对加工厂未来发展抱有很大信心，期望未来加工厂的利润能够实现稳步提升，为此，李丽积极拓展业务。2×20 年中，在对未来市场进行考察分析，以及加工厂现状分析的基础上，李丽拓展了学生课桌椅的加工领域，但是，该领域的业务不成熟，加工厂在学生课桌椅方面的加工能力和销售都不稳定，为了有一个清晰了解，李丽要求财务主管王辉对 2×21 年生产课桌椅的生产成本和利润做出预测分析，并要求全厂各部门配合提供了相关数据，如表 5-10 所示。

表 5-10　成成加工厂相关数据资料

项目	数据
预计销售单价	120 元
预计年销售量	9 000～11 000 套
预计每套标准工时	2 小时
预计固定成本：	
折旧费	5 000 元
保险费	9 000 元
维修费	8 500 元
管理费	10 000 元
预计变动成本：	
原材料	30 元/套
生产工人工资	10 元/小时

为简化计算，我们这里不再考虑除表 5-10 中所列成本项目之外的成本、费用支出。考虑到加工厂目前的一些现实情况，以及市场的不确定性，为了编制较为合理准确的预算，王辉决定针对学生课桌椅业务领域编制有关成本、利润的弹性预算。假设该加工厂的生产能力充足，能够满足销售量要求，假如你是财务主管王辉，请你完成这一编制工作。

【案例阅读分析】

通过阅读本案例，我们可以知道，本案例考察的是按业务量基础的数量特征不同划分中的弹性预算法，考察方式为编制生产成本及利润预算，弹性预算法又称动态预算法，是在成本性态分析的基础上，依据业务量、成本、利润之间的联动关系，按照预算期内相关的业务量（如生产量、销售量、工时等）水平计算其相应预算项目所消耗资源的预算编制方法，本案例选取的是销售量。根据表5－10中提供的相关数据资料可以得到该加工厂固定成本费用总额和变动成本费用率，并依据公式 $y=a+bx$ 构建其成本性态模型，之后由销售量在不同水平时得出其预计生产成本和预计利润。

【数据分析】

假设以a表示固定成本，b表示变动成本率，x表示销售量，由表5－10中的成本数据资料，我们可以计算得到：

固定成本总额 $a=5\ 000+9\ 000+8\ 500+10\ 000=32\ 500$（元）

变动成本费用率 $b=30+10\times2=50$（元/套）

从而得到有关成本的成本性态模型：$y=a+bx=32\ 500+50x$

这样，销售量在9 000～11 000套之间的成本总额，我们都可以计算。为了方便对成本进行分项控制和考核，可以选取几个典型销售量数据进一步按照成本项目列出在不同销售量水平下的弹性预算表。我们对于销售量分别为9 000套、10 000套、11 000套情况下的成本分别进行列示，结果如表5－11所示。

表5－11　　三种不同销售量水平下成成加工厂预算生产成本表单位：元

项目		销售量9 000套	销售量10 000套	销售量11 000套
固定成本	折旧费	5 000	5 000	5 000
	保险费	9 000	9 000	9 000
	维修费	8 500	8 500	8 500
	管理费	10 000	10 000	10 000
固定成本合计		32 500	32 500	32 500
变动成本	原材料	270 000	300 000	330 000
	生产工人工资	180 000	200 000	220 000
变动成本合计		450 000	500 000	550 000
成本合计		482 500	532 500	582 500

结合其他数据，我们可以完成预计利润表的编制，这里我们采用的是功能型利润表，仍然针对销售量分别为9 000套、10 000套、11 000套水平下的利润进行预计，具体结果如表5－12所示。

表5－12　　三种不同销售量水平下成成加工厂2×21年的预计利润表　　单位：元

项目	销售量9 000套	销售量10 000套	销售量11 000套
销售收入	1 080 000	1 200 000	1 320 000
减：变动成本	450 000	500 000	550 000
贡献毛益	630 000	700 000	770 000
减：固定成本	32 500	32 500	32 500
税前利润	597 500	667 500	737 500
减：所得税	149 375	166 875	184 375

续表

项目	销售量 9 000 套	销售量 10 000 套	销售量 11 000 套
税后净利润	448 125	500 625	553 125

注：假设企业所得税税率为 25%，不考虑税法与会计在相关规定上的差异。

由表 5－12 预计利润表的计算可知，预计销售量在 9 000～11 000 套的水平下，成成加工厂在该学生课桌椅业务方面均可获利，对于一个小型且处于起步阶段的加工厂来说，显然这项业务是一项具有较好回报的好项目，该加工厂可以在现有情况下继续深化该业务领域。

【结论及建议】

通过上述分析，我们完成了对成成加工厂 2×21 年度的生产成本预算表以及利润预算表的编制，在使用弹性预算法编制预算时，兼容了不同的业务量水平下的情况，可方便与实际生产和销售情况做对比，便于预算的执行和考核。在对弹性预算的业务量进行选择时，通常可定在 9 000～11 000 套，并依据该销售量情况进行实际生产的决策。同时，该加工厂可以逐年编制预计生产成本和预计利润表，并于年底将实际情况与预算进行对比分析，随时调整加工厂生产决策，并将其作为下一年度的预算和决策依据。

【案例扩展问题】

在本案例中，仅仅对成成加工厂的生产成本预算表及利润预算表进行了编制，那么，弹性预算是否只能用于编制生产成本预算表及利润预算表？弹性预算的编制方法有什么特点？适用条件如何？相比固定预算法，弹性预算法有什么优点？有什么缺点？

【案例小结】

本案例涉及的知识点，生产成本预算、利润预算，成本性态分析。

本案例中对涉及知识点应用能力的要求：能够理解弹性预算法的概念基本使用流程，能够根据成本性态分析对固定成本及单位变动成本进行计算，并构建模型，依据相关数据对生产成本预算表和利润预算表进行编制。

第二节　综合性预算管理案例分析

案例一

【案例描述】

M 公司是一家集食品生物技术研究、开发、推广服务等业务于一体的高新科技企业。公司专心致力于香蕉深加工产品的研发、生产、销售。公司拥有自己的技术研发、品质管理、生产管理、市场营销、采购、设备维护等职能部门，配备了原子吸收光谱仪、原子荧光光谱仪、气相色谱、香蕉发酵设备等先进的检测及生产设备，全面实现智能化、自动化生产。坚持以 GMP 管理体系为行为准则，从原材料选购到产品销售，每个环节都严格把控。雄厚的技术力量，精良的技术装备，形成了可靠的质量保证，源源不断为市场提供优质的香蕉深加工产品。

M 公司计划每年 12 月份编制下一年的分季度现金预算。2×21 年年末，公司对 2×22 年相关情况进行分析，预计相关指标和资料如下：

（1）M公司只生产一种每袋1千克装的香蕉片。由于作为原料的香蕉供货有季节性，因此M公司的采购和生产只在第一和第四季度进行，但销售全年发生。

（2）销售收入预计：第一季度1 000万元，第二季度500万元，第三季度500万元，第四季度1 000万元。所有销售均为赊销。每季度赊销款的50%在当季收回，另外50%下季度收回，应收账款年初余额300万元，预计可在第一季度收回。

（3）原料采购预计：香蕉全年原料采购预计支出600万元，第一季度预付原料采购款的60%，第四季度收储原料并支付剩余的40%尾款。

（4）付现费用预计：直接人工费用第一和第四季度均为550万元，制造费用第一和第四季度均为300万元，由于第二和第三季度不进行生产，因此不发生直接人工费用和制造费用；销售和管理费用第一季度80万元、第二季度40万元、第三季度40万元、第四季度80万元。直接人工费用、制造费用、销售和管理费用均于当季支付。全年所得税费用100万元，分四个季度预交，每季度支付25万元。

（5）M公司计划在下半年安装两条新生产线，第三和第四季度分别支付设备及安装款300万元、150万元。

（6）2×21年末，公司有现金10万元，没有短期投资。为应对季节生产所需的大量资金，2×21年末公司从银行借入短期借款200万元。除该短期借款外，公司没有其他负债。公司根据下季度现金净需求额外加10万元浮动额确定季末最低现金余额，如果下季度现金净需求额为负，则最低现金余额为10万元。实有现金低于最低现金余额时，如果有短期投资，先变卖短期投资；仍不足时，再向银行借入短期借款；超过最低现金余额时，如果有短期借款，先偿还短期借款，仍有剩余时，再进行短期投资。借款、偿还借款、投资和收回投资，数额均为5万元的倍数，均在季度末发生。短期借款年利率为6%，每季度末付息一次；短期投资年报酬率为3%，每季度末结算一次。假设不考虑借款和投资的交易费用。

（7）为简化计算，假设2×23年第一季度的预计营业收入、原料采购及付现费用与2×22年第一季度相同。

要求：根据上述资料，编制M公司的现金预算，结果填入表5-13中。

表5-13　现金预算表　单位：万元

项目	第1季度	第2季度	第3季度	第4季度	合计
期初现金余额					
现金收入：					
本期销售本期收款					
上期销售本期收款					
现金收入合计					
现金支出：					
直接材料					
直接人工					
制造费用					
销售与管理费用					
所得税费用					

续表

项目	第 1 季度	第 2 季度	第 3 季度	第 4 季度	合计
设备购置及安装					
现金支出合计					
向银行借款					
归还银行借款					
支付借款利息					
短期投资					
收回短期投资					
获取投资报酬					
期末现金余额					

【案例阅读分析】

通过阅读案例我们可以知道，本案例考察的是在经营预测的基础上进行现金预算，本案例涉及现金收入和支出的经营预算有销售预算、直接人工预算、直接材料预算、制造费用预算和销售与管理费用预算。在具体分析该案例之前，先来了解一下这几个预算的概念和应当如何编制。

企业生产经营全面预算的编制通常要以销售预算为出发点，而销售预算又必须以销售预测为基础。销售预测是指企业在进行大量市场调查的基础上，对企业一定时期产品的销售量或销售额的未来发展趋势所作出的科学预计和推测，它必须对本企业产品销售的历史资料和未来市场上的供需情况进行认真分析研究，特别要着重考虑与本企业有关的各种经济发展趋势和各种重要经济指标的变动情况，以及销售预测是否准确直接影响到全面预算的可靠性。销售预算包括产品的名称、销售量、单价、销售额等项目。生产经营多种产品的企业，为避免销售预算过于繁杂，一般只列示全年及各季的销售总额，并对主要产品分别编制销售预算，附表附在销售预算之后，对于数量较少、销售额较低的产品则予以省略，而不是把所有产品的有关数据全部在预算中详细反映。为了便于现金预算的编制，在销售预算中一般还附有预计现金收入表。其中预计现金收入数包括本期销售应在本期收到的款项和以前销售中应在本期收到的款项。

直接人工预算是指为规划一定预算期内直接人工工时的消耗水平和直接人工成本水平而编制的一种经营业务预算。直接人工成本包括直接工资和按直接工资一定比例计算的应付福利费等。编制直接人工预算的主要依据是标准工资率、单位产品标准直接人工工时、其他直接人工费用计提标准和生产预算中的预计生产量等资料。预计直接人工工时数和预计直接人工成本的计算公式如下：

预计直接人工工时数 = 预计生产量 × 单位产品标准工时

预计直接人工成本 = 预计直接人工工时 × 标准小时工资率

直接材料预算是指为规划预算期内因组织生产活动和材料采购活动预计发生的材料需要量、采购量和采购成本而编制的一种经营业务预算。直接材料预算是以生产预算、材料消耗定额和预计材料采购单价等信息为基础，并考虑期初、期末材料存货水平而编制的预算，从而确定直接材料采购量和采购成本的公式分别为：

本期材料采购量 = 本期生产耗用材料量 + 期末材料存货量 - 期初材料存货量

材料采购成本 = 材料采购量 × 该种材料单价

期末材料存货量 = 下季度材料耗用量 × 必要留用比例

直接材料预算要根据生产需要量与预算采购量之间的关系进行编制。其目的在于，避免因直接材料存货不足而影响生产或因存货过多而形成资金的积压和浪费。为便于现金预算的编制，通常在编制直接材料预算的同时，编制与材料采购有关的各季度材料采购现金支出预算。其计算公式为：

材料采购现金支出额 = 本期预计采购金额 × 该期付现率 + 本期期初应付账款 × 该期付现率

制造费用预算是指为规划一定预算期内除直接人工和直接材料预算外的所有与产品成本有关的其他生产费用水平而编制的一种日常业务预算。为编制预算方便，制造费用常按其成本性态分为变动性制造费用和固定性制造费用两部分。固定性制造费用可在上期的基础上根据预期变动加以适当修正进行预计，并作为期间成本直接列入预计的利润表；变动性制造费用根据预计生产量乘以单位变动制造费用进行预计。同样为了编制现金预算，在制造费用预算中，通常包括费用方面预期的现金支出。固定资产折旧属于非付现成本，在编制制造费用现金支出预算时，应将这一项目从中予以扣除。计算公式分别为：

变动性制造费用预算 = 预计直接人工工时 × 标准小时费用率

预计制造费用现金支出 = 预计变动性制造费用现金支出 + 预计固定性制造费用现金支出

固定性制造费用现金支出 = （预计年度固定性制造费用 - 预计年折旧费）÷4

编制制造费用预算的主要依据是预算期的生产量、制造费用标准耗用量和标准价格。

销售与管理费用预算是指为规划一定预算期内企业在销售阶段组织产品销售以及因管理企业预计发生的各项费用水平而编制的一种日常业务预算。如果各费用项目的数额比较大，则销售费用预算与管理费用预算可以分别编制。销售费用预算的编制以销售预算为基础，结合历史资料进行细致分析，运用本量利分析等方法，合理安排销售费用，使之发挥最大效用；管理费用预算在编制时应以过去发生的实际支出为参考，分析企业的具体业务情况，使管理费用的支出更合理、更有效。在编制销售与管理费用预算时应分别根据成本性态进行，对于变动费用可以根据销售量在各季度之间分配，固定费用则可以按季度平均分配。

现金预算是指一定的预算期内有关现金流转状况的预算。这里所说的现金是广义的现金概念，包括库存现金、银行存款和其他货币资金。现金预算是企业预算的一项重要内容，通过现金预算可以事先对企业日常的现金需要量进行有计划的安排，以便合理的调度资金，提高资金的使用效率。现金预算一般由现金收入、现金支出、现金多余或不足，以及资金的筹集与运用等四个部分构成。

1. 现金收入。现金收入包括期初现金余额和预算期内可能的现金收入，如本期销售本期收到的现金以及收回以前的应收账款等。

2. 现金支出。现金支出包括预算期预计可能发生的各项支出。如采购材料支付的货款、支付的工资、制造费用及销售与管理费用中需要支付现金的部分、支付应付账款、交纳税金、购买设备和支付股息等。

3. 现金多余或不足。现金收支相抵后的差额，如为正数，说明收入大于支出，现金有多余，除考虑偿还到期债务外，还可以购买短期有价证券进行短期投资；如为负数，说明支出大于收入，现金不足，需要想办法筹资。

4. 资金的筹集和运用。如果出现现金不足，企业需要采取合法、合适的途径筹措资金，如向银行借款、利用商业信用、出售有价证券、发行股票、发行债券等，以避免影响正常的生产经营。如果出现现金余额过多，需要合理运用，如偿债、进行投资等，以避免造成资金的闲置浪费。

期末现金余额的计算公式为：

期末现金余额＝期初现金余额＋现金收入－现金支出±资金筹集（或运用）

了解了这几类预算之后，我们来具体看看以上内容在本案例中应当如何应用。在销售预算的基础上计算出各季度的现金收入：

经营现金收入＝当期销售当期收款＋收回前期应收账款

然后利用直接人工预算、直接材料预算、制造费用预算和销售与管理费用预算以及所得税费用、设备购置及安装费用计算出各季度的现金支出：

材料采购现金支出＝当期现购支出＋支付前期的应付账款

人工现金支出＝预算数

制造费用现金支出＝预算数－非付现成本

销售、管理费用现金支出＝预算数－非付现成本（非付现成本一般是指折旧和摊销）

然后利用公式：

现金余缺额＝期初现金余额＋现金收入合计－现金支出合计

计算出各季度的现金余缺额，然后在经营预算的基础上根据实际情况进行现金的筹措与运用，根据下季度现金净需求额外加10万元浮动额确定季末最低现金余额（如果下季度现金净需求额为负，则最低现金余额为10万元）。

下季度的现金净需求额＝下季度现金支出合计－下季度现金收入合计

当本季度实际持有现金余额低于季末最低现金余额时，如果有短期投资，先变卖短期投资；仍不足时，再向银行借入短期借款；当本季度实际持有现金余额超过季末最低现金余额时，如果有短期借款，先偿还短期借款，仍有剩余时，再进行短期投资。借款、偿还借款、投资和收回投资，数额均为5万元的倍数，均在季度末发生。然后根据公式：

现金期末余额＝现金余缺额＋现金筹措－现金运用

计算出M公司各季度在经营预算和财务预算之后的季末现金余额。此外，在进行资金筹措时，利息的计算分为两类：

一是还款时支付利息，利息＝还款额×利息率×借款期限

二是每期定期支付利息，

利息＝（上期期末借款余额＋本期期初新借款额）×期利息率

并且要注意本期期末的借款或还款均不会影响本期利息。本案例中，短期借款年利率为6%，每季度末付息一次，因此应该采取第二个计算公式；短期投资年报酬率为3%，也是每季度末结算一次。

【数据分析】

根据表中需要填列的数据来逐个进行分析：

2×22年第一季度的期初现金余额＝2×21年年末的现金余额＋2×21年年末借入的短期借款＝10＋200＝210（万元）

第一季度销售本期收款 =1 000 ×50% =500（万元）

2 ×21 年第四季度销售本期收款 =300（万元）

第一季度现金收入合计 =500 +300 =800（万元）

第一季度原料采购现金支出 =600 ×60% =360（万元）

第一季度直接人工现金支出 =550（万元）

第一季度制造费用现金支出 =300（万元）

第一季度销售与管理费用现金支出 =80（万元）

第一季度所得税费用现金支出 =25（万元）

第一季度现金支出合计 =360 +550 +300 +80 +25 =1 315（万元）

此时现金余缺额 =210 +800 −1 315 = −305（万元）

第二季度销售本期收款 =500 ×50% =250（万元）

第一季度销售本期收款 =1 000 ×50% =500（万元）

第二季度现金收入合计 =250 +500 =750（万元）

第二季度原料采购现金支出 0 元

第二季度直接人工现金支出 0 元

第二季度制造费用现金支出 0 元

第二季度销售与管理费用现金支出 =40（万元）

第二季度所得税费用现金支出 =25（万元）

第二季度现金支出合计 =0 +0 +0 +40 +25 =65（万元）

第二季度的现金净需求额 =65 −750 = −685（万元），为负数，因此第一季度末最低现金余额 =10（万元），由于第一季度现金余缺额为 −305 万元，低于季末最低现金余额，当季末实有现金低于最低现金余额时，如果有短期投资，先变卖短期投资；仍不足时，再向银行借入短期借款，M 公司没有短期投资，因此需要向银行借款，又由于第一季度末需要支付的借款利息 =200 ×1.5% =3（万元），因此需要向银行借款 10 +305 +3 =318（万元），但由于借款、偿还借款、投资和收回投资，数额均要为 5 万元的倍数，因此需要向银行借款 320 万元。

综上可得，2 ×22 年第一季度季末现金余额 = −305 +320 −3 =12（万元）

第二季度现金余缺额 =12 +750 −65 =697（万元）

第三季度销售本期收款 =500 ×1/2 =250（万元）

第二季度销售本期收款 =500 ×1/2 =250（万元）

第三季度现金收入合计 =250 +250 =500（万元）

第三季度原料采购现金支出 0 元

第三季度直接人工现金支出 0 元

第三季度制造费用现金支出 0 元

第三季度销售与管理费用现金支出 =40（万元）

第三季度所得税费用现金支出 =25（万元）

第三季度设备购置及安装现金支出 =300（万元）

第三季度现金支出合计 =0 +0 +0 +40 +25 +300 =365（万元）

第三季度的现金净需求额 =365 −500 = −135（万元），为负数，因此第二季度末最低现金余额 10 万元，又由于第二季度现金余缺额为 697 万元，超过季末最低现金余额，由于当季末实有现金超过最低现金余额时，如果有短期借款，先偿还短期借款，仍有剩余时，再进行短期投资，因此先偿还短期借款。

第二季度需要支付的借款利息 =（200 +320）×1.5% =7.8（万元）

偿还利息并且还要保持最低现金余额 10 万元，因此第二季度末可以用于偿还银行借款的现金为 697 -7.8 -10 =679.2（万元），由于借款、偿还借款、投资和收回投资，数额均要为 5 万元的倍数，所以此时可以偿还所有的银行借款 520 万元，剩余 679.2 -520 =159.2（万元），可以进行短期投资 155 万元。

综上可得，2 ×22 年第二季度季末现金余额 =10 +（159.2 -155）=14.2（万元）

第三季度现金余缺额 =500 -365 +14.2 =149.2（万元）

第四季度销售本期收款 =1 000 ×50% =500（万元）

第三季度销售本期收款 =500 ×50% =250（万元）

第四季度现金收入合计 =500 +250 =750（万元）

第四季度原料采购现金支出 =600 ×40% =240（万元）

第四季度直接人工现金支出 =550（万元）

第四季度制造费用现金支出 =300（万元）

第四季度销售与管理费用现金支出 =80（万元）

第四季度所得税费用现金支出 =25（万元）

第四季度设备购置及安装现金支出 =150（万元）

第四季度现金支出合计 =240 +550 +300 +80 +25 +150 =1 345（万元）

第四季度的现金净需求额 =1 345 -750 =595（万元），因此第三季度末最低现金余额 =595 +10 =605（万元），又由于第三季度现金余缺额为 149.2 万元，低于季末最低现金余额，当季末实有现金低于最低现金余额时，如果有短期投资，先变卖短期投资；仍不足时，再向银行借入短期借款，因此需要变卖短期投资 155 万元，并且季末还能收回本期短期投资报酬 155 ×0.75% =1.1625 万元，因此还需要借款 605 -149.2 -155 -1.1625 =299.6375 万元，但借款、偿还借款、投资和收回投资，数额均要为 5 万元的倍数，因此第三季度末应当向银行借款 300 万元。

综上可得，2 ×22 年：

第三季度季末现金余额 =149.2 +155 +1.1625 +300 =605.3625（万元）

第四季度现金余缺额 =605.3625 +750 -1 345 =10.3625（万元）

2 ×23 年第一季度销售本期收款 =1 000 ×50% =500（万元）

2 ×22 年第四季度销售本期收款 =1 000 ×50% =500（万元）

2 ×23 年第一季度现金收入合计 =500 +500 =1 000（万元）

2 ×23 年第一季度原料采购现金支出 =600 ×60% =360（万元）

2 ×23 年第一季度直接人工现金支出 =550（万元）

2 ×23 年第一季度制造费用现金支出 =300（万元）

2 ×23 年第一季度销售与管理费用现金支出 =80（万元）

2 ×23 年第一季度所得税费用现金支出 =25（万元）

2 ×23 年第一季度现金支出合计 =360 +550 +300 +80 +25 =1 315（万元）

2×23 年第一季度的现金净需求额＝1 315－1 000＝315（万元），因此 2×22 年第四季度末最低现金余额＝315＋10＝325（万元），又由于第四季度现金余缺额为 10.3 625 万元，低于季末最低现金余额，当季末实有现金低于最低现金余额时，如果有短期投资，先变卖短期投资；仍不足时，再向银行借入短期借款，又由于季末还需要支付本期银行借款利息 300×1.5%＝4.5（万元），因此需要向银行借款 325－10.3 625＋4.5＝319.1375（万元），但借款、偿还借款、投资和收回投资，数额均要为 5 万元的倍数，因此第四季度末应当向银行借款 320 万元。

综上可得，2×22 年第四季度季末现金余额＝10.3 625＋320－4.5＝325.8 625（万元）

根据以上数据分析，可以对表 5－14 现金预算表进行填列。

表 5－14　**现金预算表**　单位：万元

项目	第 1 季度	第 2 季度	第 3 季度	第 4 季度	合计
期初现金余额	210	12	14.2	605.3625	210
现金收入：					
本期销售本期收款	500	250	250	500	1 500
上期销售本期收款	300	500	250	250	1 300
现金收入合计	800	750	500	750	2 800
现金支出：					
直接材料	360	0	0	240	600
直接人工	550	0	0	550	1 100
制造费用	300	0	0	300	600
销售与管理费用	80	40	40	80	240
所得税费用	25	25	25	25	100
设备购置及安装	0	0	300	150	450
现金支出合计	1 315	65	365	1 345	3 090
向银行借款	320	0	300	320	940
归还银行借款	0	520	0	0	520
支付借款利息	3	7.8	0	4.5	15.3
短期投资	0	155	0	0	155
收回短期投资	0	0	155	0	155
获取投资报酬	0	0	1.1625	0	1.1625
期末现金余额	12	14.2	605.3625	325.8625	325.8625

【结论及建议】

通过上面对案例的阅读分析和数据分析，我们可以知道，解答这类题目需要注意的关键点主要包括：

1. 理解“下季度现金净需求额”的含义，下季度现金净需求额＝下季度现金支出合计－下季度现金收入合计，正确理解它的含义并且计算准确是确定当季末最低现金余额的基础，而只有正确计算出了本季末的最低现金余额，才能对本季的实际持有现金进行更好的筹措或者运用，利用闲置资金进行投资，实现资金增值，或者提前筹集资金，防止下季度资金匮乏，影响企业正常运营。

2. “公司根据下季度现金净需求额外加 10 万元浮动额确定季末最低现金余额”，因为 2×22 年第一季度现金净需求额为 515 万元，初步确定 2×21 年第四季度期末现金余额（年末余额）应大于等于 525 万元，综合考虑借款利息之后，2×21 年年末现金余额为 210 万元（10 万元 +200 万元），由此也可以确定出 2×22 年年初的现金余额；因为 2×22 年第二季度的现金净需求额为 -685 万元，确定 2×22 年第一季度季末现金余额应该大于等于 10 万元，综合考虑向银行借款和支付借款利息之后，2×22 年第一季度的季末现金余额为 12 万元；因为 2×22 年第三季度的现金净需求额为 -135 万元，确定第二季度的季末现金余额应该大于等于 10 万元，综合考虑归还银行借款、支付借款利息和进行短期投资后，确定第二季度的季末现金余额为 14.2 万元；因为 2×22 年第四季度的现金净需求额为 595 万元，确定第三季度的季末现金余额应该大于等于 605 万元，综合考虑向银行借款、收回短期投资和获取投资报酬后，确定第三季度的季末现金余额为 605.3625 万元；因为 2×23 年第一季度的现金净需求额为 315 万元，确定 2×22 年第四季度的季末现金余额应该大于等于 325 万元，综合考虑向银行借款、支付借款利息后，确定第四季度的季末现金余额为 325.8625 万元。

3. 注意现金筹措或现金运用的顺序：当季末实际持有的现金余额低于季末最低现金余额时，如果有短期投资，先变卖短期投资，仍不足时，再向银行借入短期借款。当季末实际持有的现金余额高于季末最低现金余额时，如果有短期借款，先偿还短期借款，仍有剩余时，再进行短期投资。

4. “借款、偿还借款、投资和收回投资，数额均为 5 万元的倍数，均在季度末发生。短期借款年利率为 6%，每季度末付息一次；短期投资年报酬率为 3%，每季度末结算一次”。

【案例扩展问题】

如果本案例中生产不止是在第一季度和第四季度进行，而是全年生产，第二和第三季度也会发生直接人工费用和制造费用，预算应当如何编制？如果本案例中直接以下季度的现金净需求额作为本季度季末最低现金余额，各季度末对现金的筹措或运用方案又会发生什么变化？

【案例小结】

本案例中涉及的知识点：在经营预测的基础上进行现金预测，本案例涉及现金收入和支出的经营预算有销售预算、直接人工预算、直接材料预算、制造费用预算和销售与管理费用预算；理解“下季度现金净需求额”的含义；现金筹措或现金运用的顺序。

本案例中对所涉及知识点应用能力的要求：熟练掌握付现与非付现的区分，利于下季度的现金净需求额正确计算本季度的季末最低现金余额；利于季末最低现金余额来确定季末实际持有现金的筹措或运用方案。

案例二

【案例描述】

代维公司是一家专门生产和销售 DVD 的公司，且公司只生产这一种产品。2×21 年由于整体经济环境不好，加之部门厂商经营管理不善，今年，部分同类厂家出现了倒闭或者转产的现象。代维公司虽然得以继续经营，但 2×21 年的整体经营情况难以与往年相比。考虑同行倒闭或转产留下的市场空缺，以及对未来 DVD 市场的信心，代维公司总经理大卫决定继续经营。同时，在对内外部环境详细分析的基础上，总经理大卫预计 2×22 年公司的销售量将出现逐渐递增的趋势。这种情况下，大卫将公司总会计师王元叫到经理室，并与其详细分析了公司目前所处境况，要求会计师王元能够为公司 2×22 年编制一份且较为详细的全面预算，以方便公司形成下一年度合理的营业计划和财务计划，以及进行控制评价。为了有效完成经营预算和财务预算的编制，总经理大卫要求公司各个部门分别对本部门的已知必要数据和 2×22 年预计数据进行了统计，共同整理至表 5－15。另外，为了方便编制 2×22 年资产负债表预算，会计师王元将 2×22 年初相关总账账户年初余额进行了整理，具体如表 5－16 所示。

表 5－15　　代维公司基本数据及 2×22 年预计数据

项目	数据
2×22 年第 1 季度预计销售量	1 000 个
2×22 年第 2 季度预计销售量	1 500 个
2×22 年第 3 季度预计销售量	1 800 个
2×22 年第 4 季度预计销售量	2 000 个
2×22 年年初存货	100 个
预计 2×22 年年末存货	220 个
预计销售单价	100 元/个
2×22 年年初应收账款（销售商品），第 1 季度收回	36 000 元
销货款的收回	当季收到 70%，下一季度收到 30%
2×22 年前 3 季度每季度期末存货量	占下个季度销售量比例的 10%
2×22 年第 4 季度期末存货量	220 个
材料采购款	当季支付 60%，下一季度支付 40%
2×22 年第 1、2、3 季度期末材料存货量	占下季材料总耗用量的 10%
2×22 年第 4 季度材料存货数量	410 千克
2×22 年初应付账款（购买材料），第 1 季度支付	4 000 元
单位产品直接材料耗用量	2 千克
单位产品所需直接人工	4 小时
每小时直接人工成本（标准小时工资率）	5 元
预计变动制造费用	2 元/小时
预计全年固定制造费用	77 040 元
单位产品变动的销售和管理费用	3 元/个
预计固定的销售和管理费用	第 1 季度为 22 000 元，第 2、3 季度分别为 13 000 元，第 4 季度为 22 500 元
年初现金余额	28 000 元
每个季度末最低现金余额	20 000 元
贷款利率	6%
发放股息（每年初）	50 000 元
平均每季度负担所得税	10 000 元

续表

项目	数据
第 1 季度购买设备（当季支付）	60 000 元
第 3 季度购买设备（当季支付）	62 000 元
公司采用变动成本法核算产品成本；每季末最低现金余额不足时可于季初向银行借款，一般为 1 000 元的整倍数，资金多余时，每季末偿还，借款利息随同本金一起偿还；假设该企业所得税有优惠政策，预计全年所得税为 4 000 元，各季度平均负担。	

表 5 – 16　2×22 年初相关总账账户年初余额　单位：元

项目	年初余额
库存现金	28 000
应收账款	36 000
原材料	1 050
产成品	3 800
固定资产原值	200 000
减：累计折旧	30 000
应付账款	4 000
应付股利	50 000
长期借款	50 000
实收资本	200 000
未分配利润	（65 150）

假如你是会计师王元，该如何完成总经理的要求，结合以上提供的这些资料和数据为公司编制经营预算和财务预算。

【案例阅读分析】

通过阅读案例我们可以知道，本案例考察的是经营预算和财务预算的编制。预算其实是一系列预计财务报表及相关活动的计划表。我们在编制预算的过程中，需要首先编制销售预算。企业的销售水平会对全面预算中的几乎所有要素产生影响。在销售预算的基础上，结合企业一些基本数据，我们可以编制销售和管理费用预算，同时，我们可以依据“以销定产”的原则，为企业编制生产预算。以生产预算为基础，结合企业各项已知的生产基本数据，我们可以完成直接材料预算、直接人工预算、制造费用预算。结合直接材料预算、直接人工预算、制造费用预算、销售和管理费用预算的编制结果，可以分别编制现金预算和资产负债表预算。这样我们就能够完成案例公司中会计师王元所需要完成的工作。

【数据分析】

1. 销售预算和销售现金收入预算的编制。

依据预计销售收入的计算公式：

预计销售收入 = 预计销售量 × 预计销售单价

我们可以分别计算出各季度的预计销售额。同时，根据代维公司销售货款收回的预计，可知代维公司预期收到现金的计算公式为：

某个季度收到的现金 = 该期销售收入 × 该期收现率 + 期初应收账款 × 该期回收率

因此，可以分别计算 2 ×22 年各季度销售现金收入。据此，我们可以分别编制代维公司 2 ×22 年销售预算和销售现金收入预算，分别如表 5 – 17、表 5 – 18 所示。

表 5 – 17　代维公司 2 ×22 年销售预算　单位：个/元

季度	第 1 季度	第 2 季度	第 3 季度	第 4 季度	全年
预计销售量	1 000	1 500	1 800	2 000	6 300
预计销售单价	100	100	100	100	100
预计销售额	100 000	150 000	180 000	200 000	630 000

表 5 – 18　代维公司 2 ×22 年销售现金收入预算　单位：元

季度	第 1 季度	第 2 季度	第 3 季度	第 4 季度	全年
年初应收账款	36 000				36 000
第 1 季度销售额	70 000	30 000			100 000
第 2 季度销售额		105 000	45 000		150 000
第 3 季度销售额			126 000	54 000	180 000
第 4 季度销售额				140 000	140 000
现金收入合计	106 000	135 000	171 000	194 000	606 000

2. 生产预算的编制。2 ×22 年第 1 季度预计期末存货量为第 2 季度的预计销售量 1 500 × 10% =150（个）；产品的本期生产量 = 预计销售量 + 预计期末存货量 – 预计期初存货量。结合公司基本数据及 2 ×22 年预计数据，我们可以编制代维公司 2 ×22 年生产预算，具体如表5 – 19 所示。

表 5 – 19　代维公司 2 ×22 年生产预算

季度	第 1 季度	第 2 季度	第 3 季度	第 4 季度	全年
预计销售量	1 000	1 500	1 800	2 000	6 300
加：预计期末存货量	150	180	200	220	220
减：预计期初存货量	100	150	180	200	100
预计生产量	1 050	1 530	1 820	2 020	6 420

3. 直接材料预算的编制。对于直接材料预算的编制，我们主要依据如下公式。结合这几个公式，我们可以编制代维公司 2 ×22 年的直接材料预算和材料采购现金支出预算。直接材料预算，如表 5 – 20 所示，材料采购现金支出预算此处省略。

期末材料存货量 = 下季度材料耗用量 × 必要留用比例

本期材料采购量 = 本期生产耗用材料量 + 期末材料存货量 – 期初材料存货量

材料采购成本 = 材料采购量 × 某种材料单价

材料采购现金支出额 = 本期预计采购金额 × 该期付现率 + 本期期初应付账款 × 该期付现率

表 5－20 代维公司 2×22 年直接材料预算

季度	第 1 季度	第 2 季度	第 3 季度	第 4 季度	全年
预计生产量（千克）	1 050	1 530	1 820	2 020	6 420
单位产品耗用量（千克）	2	2	2	2	2
预计材料需用量（千克）	2 100	3 060	3 640	4 040	12 840
加：期末直接材料库存量（千克）	306	364	404	410	410
预计材料需求量（千克）	2 406	3 424	4 044	4 450	13 250
减：期初直接材料库存量（千克）	210	306	364	404	210
预计直接材料采购量（千克）	2 196	3 118	3 680	4 046	13 040
直接材料单位价格（元/千克）	5	5	5	5	5
预计直接材料采购金额（元）	10 980	15 590	18 400	20 230	65 200
期初应付账款金额（元）	4 000				4 000
第 1 季度购买支出	6 588	4 392			10 980
第 2 季度购买支出		9 354	6 236		15 590
第 3 季度购买支出			11 040	7 360	18 400
第 4 季度购买支出				12 138	12 138
预计采购直接材料现金支出	10 588	13 746	17 276	19 498	61 108

4. 直接人工预算的编制。对于直接人工预算的编制，我们主要依据如下两个公式。结合这两个公式，我们可以编制代维公司 2×22 年的直接人工预算。直接人工预算，如表 5－21 所示。

预计直接人工工时数＝预计生产量×单位产品标准工时

预计的直接人工费用＝预计直接人工工时×标准小时工资率

表 5－21 代维公司 2×22 年直接人工预算

季度	第 1 季度	第 2 季度	第 3 季度	第 4 季度	全年
预计生产量（个）	1 050	1 530	1 820	2 020	6 420
单位产品直接人工工时（小时）	4	4	4	4	4
直接人工工时合计（小时）	4 200	6 120	7 280	8 080	25 680
标准小时工资率（元/小时）	5	5	5	5	5
直接人工成本总额（元）	21 000	30 600	36 400	40 400	128 400

5. 制造费用预算的编制。在编制制造费用预算的过程中，我们主要依据：

变动性制造费用预算＝预计直接人工工时×标准小时费用率

预计制造费用现金支出＝预计变动性制造费用现金支出＋预计固定性制造费用现金支出

季度固定性制造费用现金支出＝(预计年度固定性制造费用－预计年折旧费)÷4

通过以上三个公式，结合公司基本数据及相关预计数据，我们编制制造费用预算，如表 5－22 所示。

表 5-22　**代维公司 2×22 年制造费用预算**

项目季度		第 1 季度	第 2 季度	第 3 季度	第 4 季度	全年
变动制造费用	直接人工工时（小时）	4 200	6 120	7 280	8 080	25 680
	变动性制造费用分配率（元/小时）	2	2	2	2	2
小计（元）		8 400	12 240	14 560	16 160	51 360
固定制造费用	预计固定性制造费用（元）	19 260	19 260	19 260	19 260	77 040
	减：折旧费用（元）	9 000	9 000	9 000	9 000	36 000
小计（元）		10 260	10 260	10 260	10 260	41 040
制造费用现金支出合计（元）		18 660	22 500	24 820	26 420	92 400

6. 销售与管理费用预算的编制。依据案例开篇提供的 2×22 年预计数据资料，我们可以编制代维公司 2×22 年销售与管理费用预算，如表 5-23 所示。

表 5-23　**代维公司 2×22 年销售与管理费用预算**

季度	第 1 季度	第 2 季度	第 3 季度	第 4 季度	全年
预计销售量（个）	1 000	1 500	1 800	2 000	6 300
单位产品变动销售与管理费用（元）	3	3	3	3	3
预计变动销售与管理费用（元）	3 000	4 500	5 400	6 000	18 900
预计固定销售与管理费用（元）	22 000	13 000	13 000	22 500	70 500
预计销售与管理费用合计（元）	25 000	17 500	18 400	28 500	89 400

7. 现金预算的编制。根据公司最低现金额的限制，借款相关规定，以及前述各项预算的现金支出及收入，我们可以编制 2×22 年代维公司的现金预算，如表 5-24 所示。

表 5-24　**代维公司 2×22 年现金预算**　单位：元

季度	第 1 季度	第 2 季度	第 3 季度	第 4 季度	全年
期初现金余额	28 000	20 752	20 206	22 310	28 000
加：本期现金收入	106 000	135 000	171 000	194 000	606 000
可动用现金合计	134 000	155 752	191 206	216 310	634 000
减：现金支出					
直接材料	10 588	13 746	17 276	19 498	61 108
直接人工	21 000	30 600	36 400	40 400	128 400
制造费用	18 660	22 500	24 820	26 420	92 400
销售和管理费用	25 000	17 500	18 400	28 500	89 400
设备购置及安装	60 000		62 000		122 000
所得税费用	10 000	10 000	10 000	10 000	40 000
支付股利	50 000				50 000
现金支出合计	195 248	94 346	168 896	124 818	583 308
现金结余	（61 248）	61 406	22 310	91492	50 692
资金筹集与运用					

续表

季度	第 1 季度	第 2 季度	第 3 季度	第 4 季度	全年
向银行借款	82 000				82 000
归还借款		40 000		42 000	82 000
支付利息		1 200		2 520	3 720
债券投资				25 000	25 000
融通资金合计	82 000	(41 200)		(69 520)	(28 720)
期末现金余额	20 752	20 206	22 310	21 972	21 972

注：第 2 季度归还借款和支付利息全部为现金支出，因此，第 2 季度融通资金合计为 -41 200，表中以括号形式表示负值。第 4 季度的融通资金合计也为负值，与第 2 季度同理。

8. 预计利润表的编制。在前述各项预算及公司基本预计数据的基础上，我们可以完成代维公司 2×22 年的预计利润表，这里我们采用的是功能型利润表形式，如表 5-25 所示。

表 5-25　　代维公司 2×22 年的预计利润表　　单位：元

项目	金额
销售收入	630 000
减：变动成本	
变动销售成本	239 400
变动销售与管理费用	18 900
贡献毛益	371 700
减：固定成本	
固定制造费用	77 040
固定销售与管理费用	70 500
减：利息费用	3 720
税前利润	220 440
减：所得税	40 000
税后净利润	180 440

9. 预计资产负债表的编制。综合前述各项预算及公司 2×22 年初资产负债表部分项目期初余额，我们可以完成代维公司 2×22 年的预计资产负债表，如表 5-26 所示。

表 5-26　　预计资产负债表

2×22 年 12 月 31 日　　单位：元

资产	年初余额	年末余额	负债和所有者权益	年初余额	年末余额
流动资产：			流动负债：		
货币资金	28 000	21 972	应付账款	4 000	8 090
交易性金融资产	0	25 000	应付股利	50 000	50 000
应收账款	36 000	60 000	流动负债合计	54 000	58 092
存货	4 850	10 410	非流动负债：		

续表

资产	年初余额	年末余额	负债和所有者权益	年初余额	年末余额
流动资产合计	68 850	117 382	长期借款	50 000	50 000
非流动资产：			非流动负债合计	50 000	50 000
固定资产	170 000	256 000	负债合计	104 000	108 092
无形资产	0	0	所有者权益：		
其他非流动资产	0	0	实收资本	200 000	200 000
非流动资产合计	170 000	256 000	未分配利润	(65 150)	65 290
			所有者权益合计	134 850	265 290
资产总计	238 850	373 382	负债及所有者权益合计	238 850	373 382

【结论及建议】

本案例涉及经营预算和财务预算，我们首先要掌握它们的具体内容，然后要以列示表格的方法清楚明了的展示各个项目。

经营预算包含销售预算、生产预算和销售与管理费用预算。销售预算是其他预算的起点，并且销售收入是企业现金收入的最主要来源，因此销售预算的准确程度对整个全面预算的科学合理性起着至关重要的作用。生产预算包含产量预算、直接材料预算、直接人工预算、制造费用预算、期末产成品存货预算和销售成本预算。销售与管理费用预算是销售部门、管理部门等涉及的各项费用。

财务预算包含现金预算表、预计利润表和预计资产负债表。现金预算表是所有有关现金收支预算的汇总，通常包括现金收入、现金支出、现金结余或不足以及资金的筹集与应用等四个组成部分，现金预算表是企业现金管理的重要工具，它有助于企业合理安排和调动资金，降低资金的使用成本。预计利润表是在上述各经营子预算的基础上，按照权责发生制的原则编制的，其编制方法与编制一般财务报表中的利润表相同，预计利润表揭示的是企业未来的盈利情况，企业管理者可据此了解企业的发展趋势，适时调整其经营策略。预计资产负债表反映的是企业预算期末各账户的原预计余额，企业管理者可以据此了解企业未来期间的财务状况，以便采取有效措施，防止企业不良财务状况的出现，预计资产负债表是在预算期初资产负债表的基础上，根据经营预算、资本支出预算和现金预算表等的有关结果，对有关项目进行调整后编制而成的。

【案例扩展问题】

一个企业只能采用一种预算编制方法吗？为有效控制企业的经营活动和结果，企业能否结合使用各种预算编制方法？试结合不同类型企业进行思考。

企业编制预算时，往往结合使用各种编制方法。如对固定费用项目使用固定预算编制方法，可按合同约定或三年平均数列示；对变动费用项目使用弹性预算编制方法，可按变动原因计算后列示。而生产部门（成本中心）根据其生产分工和具体任务，以作业分析为基础，使用弹性预算或固定预算的编制方法，确定本部门的预算支出；职能部门（费用中心）根据其岗位职责和具体任务，以作业分析为基础，用零基预算的方法，确定本部门的预算支出。

【案例小结】

本案例涉及的知识点：销售预算的编制、生产预算的编制、直接材料预算的编制、直接人工预算的编制、制造费用预算的编制、销售与管理费用预算的编制、现金预算的编制、预计利润表的编制、预计资产负债表的编制。

第六章 责任会计与绩效管理

学习目标

知识目标：

要求学生熟悉责任会计的概念、特点、目标、职能等与绩效管理有关的基本概念；了解责任中心的划分标准及作用；掌握绩效管理的思想；掌握典型业绩评价指标的体系概念及计算方法；掌握绩效管理工具的运用。

能力目标：

能够在案例分析中利用责任会计的基本理论来解释企业经营分权管理的目标与方向；能够进行企业责任中心的业绩评价与报告；能够准确利用案例所提供的信息判断使用何种业绩评价指标方法并能准确计算分析并给出相应意见；掌握各种业绩评价指标的优劣势，能够在进行相关案例分析时，综合考虑各种非量化因素，方案选择提出观点。

本章教学建议

教师可以选取部分案例进行讲解，帮助学生回顾复习知识点，也可以在课前将部分案例分析资料布置给学生，要求学生在课前做充分阅读并形成自己的阅读提纲；并根据自己的判断进行相关计算和表格的制作，而后课堂上以不同小组为单位，进行案例解决方案讨论，先陈述本小组所选择方法及理由，后通过 PPT 展示分析数据，并给出本小组结论；其他小组同学可在这个过程中提问或质疑，教师做简短点评。书中案例可根据课时要求进行选取，第一节案例着重围绕责任会计相关概念进行各个基础知识点的考查及运用，第二节注重业绩考核管理相关知识，围绕三个业绩考核指标体系进行综合运用和分析。

第一节 责任会计案例分析

案例一

【案例描述】

南曲公司的管理者为了让公司达成营业收入高速增长，并转型为服务导向的公司，制定了“提升分权后的组织工作效率，推动全新产品与服务”策略。为了更进一步推动“组织重整”，南曲公司于 2×21 年 1 月正式分家，公司经调整后有四家子公司均独立从事文化用品的生产和营销工作，但文化用品的类别有所不同，子公司根据生产产品品种及工艺不同，下设不同的分厂，企业组织结构属于事业部制，四家子公司实行相对独立的内部核算。按责任会计的要求为了明确各自的责任，总公司根据企业经营活动的特点，将这些子公司称作“责任中心”。请问：你认为总公司及下属的子公司，以及子公司的分厂应当成为怎样的责任中心？请陈述理由？

【案例阅读分析】

通过阅读案例我们可以知道，本案例是在考察我们对于责任中心相关概念的理解。我们在《管理会计》的学习过程中了解到责任会计是现代管理会计的一项重要内容。

由于现代企业内外环境日益复杂，企业结构日益庞大，企业的高层领导既不可能了解企业所有的生产经营情况，也不可能为基层经理人员做出所有决策。于是对基层组织中谁有权力做出决策、其应负的责任以及如何对这些组织进行评价和奖惩等问题的思考，促使企业实行某种形式的分权管理制度，这是将庞大的企业组织分而治之的一种做法。于是，很多大型企业将所属各级、各部门按其权力和责任的大小，实行分权管理。

但是我们应当认识到：企业下放经经营管理权，就更加需要强大的内部控制，必须对各个责任中心分工负责的经济活动进行规划、考核和评价。

确定责任中心是责任会计制度的基础。所谓责任中心，就是指承担一定经济责任，并享有一定权利的企业内部单位。这些企业内部的成本、利润、投资发生单位，被要求完成特定的职责，其责任人也被赋予一定的管理决策权以便对该责任区域的经济活动进行有效的控制，可见责任中心即是各个责任单位能够对其经济活动严格控制的区域。责任中心的划分标准并不在于人的多少或该组织的大小，可能是一个人、一个班组、一个车间、一个部门，也可能是分公司、事业部，甚至是整个企业。根据企业经营活动的不同特点、工作业绩考核的不同重点以及不同责任中心的控制范围和责任对象的特征，责任中心可以分为成本中心、利润中心和投资中心。

南曲公司应当让各职能部门各司其职，关键是要做到责任明确，把经济责任目标化，将目标责任化，这就必须借助责任会计来实现。另外，公司应当根据事业部的特点及责任中心中成本中心、利润中心、投资中心的定义及特点，确定公司总部为投资中心，子公司为利润中心，所属工厂为成本中心。

【案例小结】

本案例中涉及的知识点：责任会计；责任中心。

本案例中对所涉及知识点应用能力的要求：理解责任会计建立的原因；了解各责任中心的种类及作用。

案例二

【案例描述】

假设你是长宁机械有限责任公司陕西分公司的一位经理，该分公司负责生产各种类型挖掘机，挖掘机是由许多部件装配而成，部件中也包括了总公司内其他部门采购回来的电路板。每周五早上，公司总部都会传真过来一份生产计划表，指示下周要生产的挖掘机型号和数量。这样，你的大部分工作就是尽可能组织部门高效地完成生产计划表。挖掘机的销售价格和销售条款细则由总公司高层管理者制定，并由总公司统一销售该类产品。公司财务部门提供的分公司的利润表（表6－1）及销售产品成本明细表（表6－2）反映了最近12个月公司的销售、产品和费用。本期生产成本包括直接材料、直接人工和制造费用。

表6－1　长宁机械陕西分公司利润表　单位：元

销售收入	200 000 000
销售成本	75 000 000
毛利	125 000 000
营业费用	
管理费用	1 000 000
销售费用	10 000 000
财务费用	13 000 000
总费用	24 000 000
税前利润	101 000 000

表6－2　销售产品成本明细表　单位：元

期初产品库存	6 000 000
本期入库产品	77 000 000
合计	83 000 000
期末成品库存	7 000 000
产品销售成本	76 000 000

当你为今年的业绩评价会议做准备时，想起了去年总公司高层管理者为你的分公司生产的产品设定了利润考核目标。但是，你认为利润表中的一些成本超出了你的控制范围，而且质疑用公司利润来评价你们业绩是否有失公允。因而，你决定仔细研究一下这个问题，并在会议上提出异议：你需要说明用公司利润考核你们的不合理性。还需要讨论一下分公司应该被定为成本中心、收入中心、利润中心还是投资中心？以此确定应该使用的考核绩效标准，并给出理由。

【案例阅读分析】

从案例阅读我们知道，这是一则需要我们理解可控成本，判断责任中心类型的案例。通过对《管理会计》的学习，我们了解到企业根据经营活动的不同特点、工作业绩考核的不同重点以及不同责任中心的控制范围和责任对象的特征，责任中心可以分为成本中心、利润中心和投资中心。我们需要根据案例所给信息确定哪些成本是经营可控的成本，公司属于哪类责任中心，并进一步判断用什么绩效考核标准比较合适。

【案例分析】

成本中心是指责任人只对其责任区域内发生的成本或费用负责的一种责任中心。它不对其收入、利润和投资负责，处于企业的基础责任层次，应用范围最广。凡是企业内部有成本的发生，需要对成本负责，并能进行成本控制的单位，都是成本中心。企业内的个人、班组、工段、车间、部门、分厂、分公司都可以是成本中心。几个小成本中心可以组成一个较大的成本中心；同样，几个较大的成本中心也可以进一步形成更大的成本中心，依此类推，最终在企业中形成了层层控制的成本中心体系。成本中心计算考核的成本指标是责任成本，而不是传统的产品成本，责任成本必须是可控成本，可控成本就是指在特定时间内，特定责任人可以直接控制其发生的那部分成本。成为可控成本必须符合以下三个条件：①成本中心可以知道将要发生什么性质的耗费。②成本中心可以计量所发生的耗费。③成本中心可以控制调节所发生的耗费。一个成本中心的不可控成本，往往是上级层次成本中心的可控成本。比如，因材料质量问题而引起的材料成本消耗量差异是生产车间的不可控成本，但它却是企业采购部门的可控成本。成本中心只能对其可控成本产生影响，对不可控成本的发生却无能为力。

利润中心是既会产生成本，又能取得收入，还能根据收入与成本陪伴比计算利润的责任单位。利润中心的责任人既能控制其成本的发生，又能控制其收入的产生和利润的形成，但不能控制投资活动。利润中心属于企业的较高层次，同时具有生产和销售职能，有独立的、经常性的收入来源，可以决定生产什么产品、生产多少产品、以及生产资源在不同产品之间如何进行分配，还可以决定产品以什么价格出售及制定销售的政策和价格策略。与成本中心相比较，利润中心具有更大的自主经营权，如分公司、分厂、事业部都是企业利润中心。

投资中心是对责任区域内的成本、收入及利润负责的同时，又要对投资效果负责的责任中心，投资中心实质上也是一种利润中心，但它控制的区域和职权范围比一般的利润中心要大得多。其责任人既能控制责任中心的利润形成，也能控制其拥有的资金的使用效果。整个企业本身就是一个投资中心。投资中心不但具有充分的经营决策权，而且具有一定的投资决策权。

在此案例中，对于分公司管理者来说生产成本是可以控制的，但一些公司总部分配下来的成本是无法控制的，如销售佣金及销售费用等。通过对成本中心、利润中心以及投资中心概念的梳理，可以看出本案例中的公司管理者不能对其责任区域内的成本和费用、收入和利润负责，他不能决定生产什么产品、生产多少、生产资源在不同产品之间如何进行分配，也不可以决定产品以什么价格出售及制定销售的政策和价格策略。故不可能是利润中心，更不可能是投资中心。其管理人员只对其责任区域内发生的成本或费用负责，因此，更适合被认定为是成本中心。

【结论及建议】

基于以上分析，公司管理者负责控制直接材料费用、直接人工费用和制造费用。这些成本包括在销售成本表的生产成本里。利润表里包括了分公司管理者无法控制费用，比如销售佣金和费用。在较高层级上，以利润为基础的绩效是恰当的，因为高层管理者可以确定产品组合和价格。但是，案例中的分公司管理者对这些决策不负责任。

因此，根据其产生利润的能力来评价公司管理者不符合业绩评价原则。应该根据其管理成本、满足生产进度和达到特定质量规格的能力来评价管理的业绩。因此，分公司应该被判断为成本中心而不是利润中心。

【案例拓展问题】

若该公司管理者能确定产品组合也能决定销售价格，那么你所在的部门可以被认定为责任中心？若你既能够控制责任中心的利润形成，也能控制其拥有的资金的使用效果，那么你所在的部门应该被定为成本中心、收入中心、利润中心还是投资中心？

【案例小结】

本案例中涉及的知识点：可控成本；成本中心、利润中心以及投资中心业绩考核与评价。

本案例中对所涉及知识点应用能力的要求：理解并能辨别成本中心中责任成本的可控成本，熟悉各类责任中心的业绩考核及评价。

案例三

【案例描述】

你是长宁公司的高级管理会计，该公司全年生产 A、B、C 三种产品，共设有五个成本中心，即第一车间、第二车间、供电车间、生产管理处、生产后勤处。产品成本的有关资料如下：

1. 直接材料 228 000 元。

其中：A、B、C 三种产品各消耗 98 400 元、57 600 元、72 000 元；第一车间和第二车间分别消耗 120 000 元、108 000 元。

2. 直接人工 153 600 元。

其中：A、B、C 三种产品各消耗 52 800 元、40 800 元、60 000 元；第一车间和第二车间分各自消耗 116 880 元、36 720 元。

3. 制造费用 184 800 元。

其中：

（1）间接材料 38 400 元。A、B、C 三种产品各分摊 21 600 元、7 200 元、9 600 元；第一车间 9 120 元、第二车间 9 600 元、供电车间 13 440 元、生产后勤处 6 240 元。

（2）间接人工 24 000 元。A、B、C 三种产品各分摊 12 000 元、4 800 元、7 200 元；第一车间共分摊 9 600 元、第二车间共分摊 4 560 元、供电车间共分摊 5 520 元、生产后勤处分摊4 320 元。

（3）管理人员工资 16 800 元。A、B、C 三种产品各分摊 8 400 元、2 640 元、5 760 元；第一车间、第二车间、供电车间、生产管理处、生产后勤处 5 280 元、1 920 元、2 640 元、4 080 元、2 880 元。

（4）折旧费 43 200 元。A、B、C 三种产品各分摊 16 800 元、14 400 元、12 000 元；第一车间、第二车间、供电车间、生产管理处、生产后勤处 12 720 元、10 080 元、6 000 元、7 920 元、6 480 元。

（5）水电费 36 000 元。A、B、C 三种产品各分摊 19 200 元、4 800 元、12 000 元；第一车间、第二车间、供电车间、生产管理处、后勤处 9 840 元、8 640 元、5 280 元、6 240 元、6 000 元。

（6）其他 26 400 元。A、B、C 三种产品各分摊 9 600 元、7 440 元、9 360 元；第一车间、第二车间、供电车间、生产管理处、生产后勤处 8 880 元、6 240 元、4 560 元、3 600 元、3 120 元。

现在请你根据上述成本费用资料，分别以产品品种、成本中心，这两种编制目标来编制产品成本计算单和责任成本计算单。

【案例阅读分析】

通过阅读案例我们知道，这里需要我们区分责任成本和产品成本的两个概念，从而强化对于责任会计的认识，该案例侧重的责任中心为成本中心。

我们在《管理会计》的学习过程中已经了解到了产品成本包括直接材料、直接人工以及制造费用。责任成本是以责任中心为成本计算对象来归集计算成本，是在责任中心负责人的责任范围内核算的成本。责任成本与产品成本是两个不同的成本概念，两者之间既有区别又有联系。两者的区别是：①计算的原则不同：凡是采用按谁收益谁承担的原则，把成本归集到各个产品上的，计算出的是产品成本；凡按谁负责谁承担的原则，把成本归集到负责控制成本中心上的，计算出的是责任成本。②成本的计算对象不同：产品成本是按承担客体（产品）进行计算；而责任成本是以责任中心为范围进行计算。③两者的目的不同：产品成本是反映和监督产品成本计划的完成情况，是实行经济责任制的重要手段；责任成本则是反映和评价责任预算的执行情况，控制生产耗费，是贯彻经济责任制的主要工具。责任成本与产品成本虽有区别，但两者有联系：就某一定时期来说，全厂的产品总成本与全厂的责任成本的总和是相等的。

基于以上的认识，我们可以按不同的核算范围，编制产品成本计算单和责任成本计算单。

【数据分析】

产品成本的有关资料，如表 6 - 3、表 6 - 4 所示。

表 6 - 3　　**产品成本计算单**　　单位：元

成本项目		产品成本计算单			
		A	B	C	合计
直接材料		98 400	57 600	72 000	228 000
直接人工		52 800	40 800	60 000	1 536 000
制造费用	间接材料	21 600	7 200	9 600	38 400
	间接人工	12 000	4 800	7 200	24 000
	管理人员工资	8 400	2 640	5 760	16 800
	折旧费	16 800	14 400	12 000	43 200
	水电费	19 200	4 800	12 000	36 000
	其他	9 600	7 440	9 360	26 400
	合计	87 600	41 280	55 920	184 800
成本合计		238 800	139 680	187 920	566 400

表 6 - 4　　**责任成本计算单**　　单位：元

成本项目	责任成本计算单					
	一车间	二车间	供电车间	生产管理处	生产后勤处	合计
直接材料	120 000	108 000				228 000
直接人工	116 880	36 720				1 536 000

续表

成本项目		责任成本计算单					
		一车间	二车间	供电车间	生产管理处	生产后勤处	合计
制造费用	间接材料	9 120	9 600	13 440		6 240	38 400
	间接人工	9 600	4 560	5 520		4 320	24 000
	管理人员工资	5 280	1 920	2 640	4 080	2 880	16 800
	折旧费	12 720	10 080	6 000	7 920	6 480	43 200
	水电费	9 840	8 640	5 280	6 240	6 000	36 000
	其他	8 880	6 240	4 560	3 600	3 120	26 400
	合计	55 440	41 040	37 440	21 840	29 040	184 800
成本合计		292 320	185 760	37 440	21 840	29 040	566 400

【结论及建议】

对成本中心进行考核的主要内容是责任成本，责任成本和产品成本是两个既不相同，但又相互联系的成本概念。责任成本是以责任中心为成本计算对象归集分配的耗费，是按责任中心负责人的责任范围核算的成本，其原则是“谁负责、谁负担”。产品成本按产品品种作为成本计算对象来归集分配各项生产费用，计算出各种产品的成本，其原则是“谁受益、谁负担”。核算产品成本的主要目的是反映和监督产品成本计划的完成情况，实行经济核算制，合理制定产品销售价格，规划目标利润；而确定责任成本的主要目的则在于反映和考核责任预算的执行情况，控制生产耗费，贯彻执行经济责任制，评价职工的工作业绩。不过产品成本和责任成本两者之间是相互联系的，从某一特定时期来看，整个企业的产品总成本和整个企业的责任成本总和是相等的。

【案例拓展问题】

成本中心计算考核的成本指标是责任成本，而不是传统的产品成本，如果责任成本是不可控成本，那么公司是否还可以编制责任成本计算单？

【案例小结】

本案例中涉及的知识点：产品成本；责任会计；责任成本；成本中心。

本案例中对所涉及知识点应用能力的要求：区分责任成本和产品成本，了解责任会计中的成本中心的考核指标。

案例四

【案例描述】

裕华企业的分公司下面有A、B、C三个成本中心，分别生产三种产品，三个成本中心某月的责任成本预算值如下：

A中心预计产量6 500件，标准单位材料成本50（元/件）；

B中心预计产量7 000件，标准单位材料成本60（元/件）；

C中心预计产量9 000件，标准单位材料成本70（元/件）；

其可控成本实际发生额分别为：

A中心实际产量6 000件，实际单位材料成本51（元/件）；

B 中心实际产量 6 500 件，实际单位材料成本 60（元/件）；

C 中心实际产量 9 000 件，实际单位材料成本 65（元/件）；

你作为公司的管理会计师，请计算各成本中心责任成本的变动情况，并分析评价其成本控制情况。

【案例阅读分析】

从阅读案例我们知道，这是关于计算成本中心的业绩考核与评价指标的问题。我们需要通过具体的计算分析来判断公司的成本控制是否有效。在《管理会计》的学习过程中，我们已经学过了责任成本差异额（有时又叫成本增减额）以及责任成本差异率（有时又叫成本升降率）的算法。计算公式如下：

责任成本差异额 = 实际责任成本 - 预算责任成本

责任成本差异率 = 责任成本差异额 ÷ 预算责任成本 × 100%

那么，我们首先应该区分出预算责任成本的成本额与实际发生的成本额，再根据计算公式进行相应的计算，进而对结果进行分析和评价。

通常来说，我们在进行成本中心的业绩考核与评价指标计算中，最好分两个阶段来进行。第一阶段：快速筛选整理出所给信息里的实际成本额，预算成本额，列出成本中心中的有关成本数据。在这一阶段，有时会较为清楚地给出相应的数额，有时需要进行信息剔除，找到有用信息进行分析。第二阶段：计算责任成本差异额和差异率，根据结果进行相应分析，通常列表格计算会更为清晰方便。

基于以上认识，我们可以先梳理案例中的相关成本数据信息，再进行相应的计算分析。

【数据分析】

对案例已有数据进行筛选梳理得到以下成本中心的有关数据，如表 6 - 5 所示。

表 6 - 5

成本中心	预计产量（件）	标准单位材料成本（元/件）	实际产量（件）	实际单位材料成本（元/件）
A	6 500	50	6 000	51
B	7 000	60	6 500	60
C	9 000	70	9 000	65

A 成本中心的预算责任成本 = 6 000 × 50 = 300 000（元）

A 成本中心的实际责任成本 = 6 000 × 51 = 306 000（元）

因此，A 成本中心的责任成本差异额 = 306 000 - 300 000 = 6 000（元）

A 成本中心的责任成本差异率 = 6 000 ÷ 300 000 × 100% = 2%

同理可得 B、C 成本中心的责任成本差异额和成本差异率，如表 6 - 6 所示。

表 6 - 6

成本中心 ①	标准单位材料成本（元/件）②	实际产量（件）③	实际单位材料成本（元/件）④	预算责任成本（元）⑤ = ③ × ②	实际责任成本（元）⑥ = ③ × ④	差异额（元）⑦ = ⑥ - ⑤	差异率（%）⑧ = ⑦ ÷ ⑤
A	50	6 000	51	300 000	306 000	6 000	2

续表

成本中心①	标准单位材料成本（元/件）②	实际产量（件）③	实际单位材料成本（元/件）④	预算责任成本（元）⑤=③×②	实际责任成本（元）⑥=③×④	差异额（元）⑦=⑥-⑤	差异率（%）⑧=⑦÷⑤
B	60	6 500	60	390 000	390 000	0	0
C	70	9 000	65	630 000	585 000	(45 000)	(7)

【结论及建议】

通过以上分析计算的数据不难看出，在这三个成本中心中，C成本中心的业绩表现是最好的，实际责任成本比预算降低7%，而A成本中心的成本控制业绩是三个中心中最差的，实际责任成本超出预算2个百分点。这主要是因为，C成本中心的实际单位材料成本比标准单位材料成本降低了5元，A成本中心的实际单位材料成本却超出预算1元，达到了51元。

这里值得注意的是，成本中心编制的业绩报告中，成本实际数超过预算数的差额为不利差异，一般以“U”或“+”表示；成本实际数小于预算数的差异则为有利差异，一般以“F”或“-”表示。这里的差异分析要和后续所提的利润中心的业绩报告中的分析相区别。

【案例小结】

本案例中涉及的知识点：成本中心；责任成本；成本中心的业绩考核与评价。

本案例中对所涉及知识点应用能力的要求：成本中心业绩考核指标计算方法的运用；成本中心业绩报告差异分析。

案例五

【案例描述】

假设你是南达公司长安分公司的一名高级管理会计师，2×21年度，长安分公司作为一个南达公司的利润中心，本期实现内部销售收入185 000元，变动生产成本96 000元，变动销售费用及管理费用14 000元，中心可控固定成本12 000元，中心不可控固定成本6 000元；本期预算的内部销售收入180 000元，变动生产成本93 000元，变动销售费用及管理费用13 000元，本部门发生的固定成本18 200元。公司分配来固定成本15 000元。

你作为长安分公司的高级管理会计师，请为当期业绩完成情况进行评价，需要将各指标与责任预算进行对比和分析，并找出产生差异的原因。

【案例阅读分析】

在这个案例中，需要理解对利润中心进行评价考核时，应以销售收入、贡献毛益总额和税前利润作为重点，这就要求其责任预算中应包括销售收入、变动成本、贡献毛益、固定成本及税前利润五个部分的内容，但其编制的业绩报告也是采用三栏式，即分为预算数、实际数和差异数三个栏目。其中，收入和成本应尽可能按其明细项目逐项列示，以便深入分析。对该利润中心进行考核评价时，因为所选择的评价指标不同，其评价结果也会有所差异。常见的评价指标计算公式如下：

利润中心贡献毛益总额=利润中心销售收入总额-利润中心变动成本总额

利润中心负责人可控利润总额=利润中心贡献毛益总额-利润中心负责人可控固定成本

利润中心可控利润总额 = 利润中心负责人可控利润总额 - 利润中心负责人不可控固定成本

基于以上分析，针对本案例，我们可以选择贡献毛益总额和可控利润总额作为评价指标。进而对该利润中心的业绩情况进行评价分析。利润中心的业绩报告的编制方法和程序，和成本中心业绩报告的编制方法和程序基本相同。但值得注意的是，对于销售收入、贡献毛益和税前利润等指标的实际数和预算数进行比较时，则是相反的，实际数大于预算数为有利差异，以“F”或者“+”表示；若是实际数小于预算数则为不利差异，以“U”或者“-”表示。这一点需要特别关注，切勿与成本中心业绩报告中差异数的比较相混淆。

【数据分析】

根据以上案例将有关数据资料整理如下（单位：元）利润中心业绩报告如表 6-7 所示：

销售收入：	185 000
变动生产成本：	96 000
变动销售费用及管理费用	14 000
中心可控固定成本	12 000
中心不可控固定成本	6 000
公司分配来固定成本	15 000

则该利润中心有关利润指标计算如下：

中心销售收入	185 000
减：变动成本总额	110 000
贡献毛益总额	75 000
减：中心负责人可控贡献固定成本	12 000
中心负责人可控利润总额	63 000
减：中心负责人不可控固定成本	6 000
中心可控利润总额	57 000
减：公司分配来固定成本	15 000
税前利润	42 000

表 6-7　南达公司长安分公司业绩报告 2×21 年度　单位：元

项目		预算	实际	差异
销售收入		180 000	185 000	+5 000（F）
变动成本	变动生产成本	93 000	96 000	+3 000（U）
	变动销售费用及管理费用	13 000	14 000	+1 000（U）
	小计	106 000	110 000	+4 000（U）
贡献毛益总额		74 000	75 000	+1 000（F）
固定成本	减：固定成本			
	本部门发生的固定成本	18 200	18 000	-200（F）
	分配的固定成本	15 000	15 000	0
	小计	33 200	33 000	-200（F）
税前利润		40 800	42 000	+1 200（F）

【结论及建议】

通过业绩报告可以看出不论是从贡献毛益还是税前利润，实际数都大于预计数，为有利差异，故该利润中心的业绩较好。但仔细浏览企业利润中心业绩报告可以发现，在变动成本的差异栏里，变动生产成本和变动销售费用及管理费用出现了两个“U”，即实际成本的支出高于预算成本。说明该部分的成本费用控制还有待提高，应查出成本变高原因，从而进行有效的成本控制，进而更好地提高利润率。

采用中心可控利润总额进行考核评价，较好地考虑了利润中心对成本的实际控制范围，能够比较准确地反映利润中心的工作实际绩效。该中心贡献毛益总额没有把该中心可控的固定成本包括在评价范围内，选择贡献毛益总额作为评价利润中心业绩的考核指标时，因为忽略了可控固定成本的影响，这种评价是不全面的，所以不适合作为评价利润中心责任工作业绩的指标。至于税前利润指标，虽然通过汇总，便于考察整个企业的盈亏情况，但是却在利润中加入责任人无法控制的公司固定成本，就更不宜作为利润中心及责任人业绩评价的依据。

【案例拓展问题】

若南达公司的另外一个利润中心金陵分公司，本期实现内部销售收入 25 000 元，变动成本为 10 000 元，该中心负责人可控固定成本为 5 000 元，中心负责人不可控但应由该中心负担的固定成本为 2 000 元。现在你作为总公司的管理会计师，如何评价上述的长安分公司和金陵分公司的业绩。

【案例小结】

本案例中涉及的知识点：利润中心；利润中心贡献毛益总额；利润中心可控利润总额；

本案例中对所涉及知识点应用能力的要求：不同利润中心业绩考核指标计算方法的组合运用；如何评价不同利润中心业绩指标发生矛盾时的结果；利润中心业绩评价指标的不同优势与劣势。

案例六

【案例描述】

凤栖公司有两个投资中心：甲中心和乙中心，2×21 年度两个投资中心的有关数据资料如下：

甲投资中心销售收入 140 000 元，营业利润 77 000 元，销售利润率 5.5%，总资产 280 000元，资产周转率 5%，投资收益率 27.5%。

乙投资中心销售收入 2 100 000 元，营业利润 132 300 元，销售利润率 6.3%，总资产 482 000 元，资产周转率 4.3%，投资收益率 27.4%。

你作为公司的高级管理会计师，请分析评价两个投资中心的业绩情况。同时，公司要求甲投资中心开发生产新产品 A，预计需要增加投资额 60 万元，预计每期可以增加销售收入 260 万元、营业利润 13 万元。公司预期最低的投资收益率是 15%。请提出你的建议，公司是否接受该项目。

【案例阅读分析】

通过阅读案例，我们了解到，我们需要对投资中心的业绩进行评价与考核，除此之外还要判断一次投资机会是否应被采纳。通过对《管理会计》的学习，我们已经了解到：除考核利润指标外，投资中心主要考核那些能集中反映利润与投资额之间关系的指标，包括投资收益率、剩余收益和经济增加值。重点应放在投资收益率（ROI）和剩余收益（RI）两个指标上。

投资收益是反映投资获利能力的指标，其计算公式为：

$$投资收益率=\frac{营业利润}{经营资产（或投资额）}\times 100\%$$

$$=\frac{营业利润}{销售收入}\times\frac{销售收入}{经营资产（或投资额）}\times 100\%$$

$$=销售利润率\times 经营资产周转率$$

剩余收益是指从投资中心的营业利润中扣除其营业资产按预期最低标的投资收益率计算的投资收益后的余额。剩余收益的计算公式如下：

剩余收益 = 营业利润 - 经营资产 × 预期最低投资收益率

对于此类分析，首先考察投资收益率（有时也叫投资利润率），它是一个静态指标，对企业来说，投资收益率是一项正指标，越高越好。不过，投资收益率这项评价指标也有不足之处。比如因为企业资产帐面价值不能反映其真实价值（比如：企业虚提折旧额）或虚增盈利，则计算出的投资收益率不能真实反映资产的使用效果。同时，如果只按照投资收益率对投资中心的业绩进行考核评价，往往会使有些投资中心产生本位主义思想，只顾本部门利益放弃那些对企业整体有利的投资项目，或者出现有些投资活动虽然有利于本部门利益，却损害了整个企业的经济利益，使投资中心的局部目标与企业的长期目标矛盾的情况。因此，还要再考虑剩余收益，采用剩余收益指标去评价考核投资中心的工作业绩，克服了投资收益率这一指标的不足，有利于防止各投资中心的本位主义，使投资中心的责任人由追求投资收益率最大化转变为追求剩余收益最大化，使各投资中心不愿拒绝对企业整体有利的投资项目，同时也不会接受对企业整体或长期利益不利的投资项目，最终保证投资中心的利益和企业整体利益的高度统一。

基于以上认识，我们可以对本案例进行相应地分析评价，进而判断甲中心是否可以接受A产品的开发。

【数据分析】

根据案例资料整理数据，凤栖公司有两个投资中心，2×21 年度两个投资中心的有关数据资料，如表 6-8 所示。

表 6-8　　甲、乙投资中心相关数据（2×21 年度）

项 目	甲中心	乙中心
销售收入（元）	140 000	2 100 000
营业利润（元）	77 000	132 300
销售利润率（%）	5.5	6.3
经营资产（元）	280 000	482 000
经营资产周转率（%）	5	4.3
投资收益率（%）	27.5	27.4

分析整理后的数据可以看出，乙中心的营业利润（132 300 元）以及销售利润率

(6.3%) 都比甲中心 (77 000 元及 5.5) 高，但由于乙中心的资产周转慢，最终使它的投资收益率比甲中心还略低一点，如果再进一步考虑乙中心所占用的资产额较大，甲、乙两个投资中心相比较而言，乙中心应相对略逊一筹。

若甲中心投资开发新产品 A，其投资收益率根据计算公式为：

投资收益率 =(77 000 +130 000) ÷(280 000 +600 000) ×100% =23.52%

由于如果生产 A 产品，甲投资中心的投资收益率就会由 27.5% 下降到 23.52%，比乙投资中心的投资收益率还要低，这样，甲投资中心自然就不愿意接受投资生产新产品这一项目，但从企业整体看，生产 A 产品将会增加营业利润 13 万元，甲投资中心拒绝该项目会影响企业整体的长期经济利益。

因此还要根据剩余收益指标进行判断。

若凤栖公司预期最低的投资收益率是 15%，则甲投资中心如果不愿意开发生产新产品，其剩余收益是：

剩余收益 =77 000 -28 000 ×15% =35 000 (元)

如果甲投资中心同意开发生产新产品，则新产品能够给甲中心带来的剩余收益是：

剩余收益 =130 000 -600 000 ×15% =40 000 (元)

通过比较，接受开发新产品投资后剩余收益提高了 40 000 元。甲投资中心肯定愿意接受这一投资方案。

【结论及建议】

基于上述分析，作为公司的高级管理会计师的你，根据乙中心的营业利润以及销售利润率都比甲中心高，但由于乙中心的资产周转慢，最终使它的投资收益率比甲中心还略低一点，如果再进一步考虑乙中心所占用的资产额较大，判断出甲、乙两个投资中心相比较而言，乙中心应相对略逊一筹。同时计算出如果甲投资中心开发生产新产品 A 的投资收益率为 23.52%，比乙投资中心的投资收益率还低，你自然不愿意接受投资生产新产品这一项目，但从企业整体看，生产 A 产品将会增加营业利润 13 万元，甲投资中心拒绝该项目会影响到企业整体的长期经济利益。因此，你便又以剩余收益为指标进行计算，甲投资中心如果不愿意开发生产新产品，其剩余收益是 35 000 元，如果甲投资中心同意开发生产新产品，则其剩余收益是 75 000 元。通过比较，接受开发新产品投资后剩余收益提高了 40 000 元。你提议甲投资中心接受这一投资方案。

但是，由于剩余收益是一个绝对数指标，不能够在不同规模的投资中心之间进行比较。投资多、规模大的投资中心虽然投资收益率不高，但是剩余收益比那些规模小、投资不多但投资收益高的投资中心的剩余收益会更多，所以，为了全面、综合地评价和考核投资中心的业绩，应当充分发挥这两个指标的优点，把两者结合起来加以灵活运用。

投资中心的业绩报告中，应列出销售收入、销售成本、营业利润、经营资产总额、销售利润率、经营资产周转率、投资收益率及机会成本等指标的实际数、预算数和差异数。

假如某投资中心的最低预期投资回报率为 15%，编制的业绩报告，如表 6 -9 所示。

表 6 -9　　投资中心业绩报告 (2 ×21 年度)

项 目	预算数	实际数	差异数
销售收入 (元)	800 000	880 000	80 000

续表

项 目	预算数	实际数	差异数
销售成本（元）	496 000	512 000	16 000
营业利润（元）	304 000	368 000	64 000
经营资产（元）	1 248 000	1 264 000	16 000
销售利润率（%）	38	42	4
经营资产周转率（%）	64.1	69.6	5.5
投资收益率（%）	24.36	29.11	4.75
机会成本（元）	187 200	189 600	2 400
剩余收益（元）	116 800	178 400	61 600

从表6－9可以看出，该投资中心本期的实际投资收益率比预算数提高了4.75%，其中，销售利润率和经营资产周转率分别提高了4%和5.5%，同时剩余收益也增加了61 600元；虽然经营资产总额增加了16 000元，但由于销售收入的增长幅度远远超过了销售成本和营业资产占用额的增长幅度，所以，总体来看，该投资中心本期的经营业绩较好，可以说成本控制措施起到了一定的效果。

【案例拓展问题】

若公司要求甲中心开发生产新产品B，其投资收益率为13%，且若投资其剩余价值有所提高，请问是否可以接受该项目？

【案例小结】

本案例中涉及的知识点：投资中心的业绩考核与评价；投资收益率；剩余收益。

本案例中对所涉及知识点应用能力的要求：不同投资中心业绩考核指标计算方法的组合运用；如何评价不同投资中心业绩指标结果发生矛盾时的结果；投资中心业绩评价指标的不同优势与劣势。

案例七

【案例描述】

假设公司有两个分部，一号分部的营业利润为200 000元，二号分部的营业利润为40 000元。一号分部平均资产总额为1 000 000元，二号分部的平均资产总额为800 000元。假设公司的加权平均资本成本利率为10%，并且为了简化运算不考虑税费。假设每个部门都在考虑一个新的项目。一号分部在考虑项目A，每年的回报为15%，可以一次付清500 000元，也可以每年付75 000元。二号分部在考虑项目B，每年的回报为7%，可以一次付清800 000元，也可以每年付56 000元。表6－10显示没有接受项目时两个部门的ROI和剩余收益。

表6－10　　一号分部和二号分部的ROI和剩余收益

	不投资		投资	
	一号分部	二号分部	一号分部	二号分部
营业净利润/元	200 000	40 000	275 000	96 000

续表

	不投资		投资	
	一号分部	二号分部	一号分部	二号分部
经营资产总额/元	1 000 000	800 000	1 500 000	1 600 000
ROI（营业利润÷经营资产总额）/%	20%	5%	18.3%	6%
资本成本（10%×经营资产总额）/元	100 000	80 000	150 000	16 000
剩余收益（经营净利润－资本成本）/元	100 000	(40 000)	125 000	(64 000)

你作为该公司的项目部经理，试分析该不该投资，提出你的建议。

【案例阅读分析】

在这个案例中，我们要考虑收入、投资收益率和经济利润业绩指标所产生的激励，通过比较分析判断衡量投资是否可以被接受。上一个案例注重投资中心业绩和考核指标计算，本案例更加注重对指标的比较与分析。投资收益率综合反映了投资中心的经营业绩，其作为评价指标，考虑了投资规模，是一个相对指标，可以用于不同的投资中心的横向比较，还可用于不同规模的企业和同一企业不同时期的比较。但投资收益率在使用的过程中也存在自身的缺陷。该指标可能会使管理者拒绝接受超出企业平均水平投资收益率而低于该投资中心现有收益率的投资项目，有损企业的整体利益。投资收益率有可能导致决策的短视行为而损害公司的长远利。由于管理层需要想方设法减少经营成本和管理费用，他们也可能会减少企业未来增长所必要的投资，如研发费用的投入等。剩余收益和投资收益率可以起到互补作用，剩余收益弥补了投资收益率的不足，可以在投资决策方面使投资中心利益与企业整体利益取得一致。剩余收益最大的不足之处在于，不能用于两个规模差别比较大的投资中心的横向比较。

基于以上认识，可以对本案例进行相应地分析评价，进行投资决策。

【数据分析】

假设以 ROI 作为评价标准。一号分部的管理者会投资项目 A 吗？不会。因为尽管项目 A 每年有 15% 的回报（超过了 10% 的加权平均资本成本利率），但是它会使一号分部的 ROI 从 20% 降低至 18.3%。二号分部的管理者会投资项目 B 吗？会。因为尽管项目 B 每年的回报为 7%（低于 10% 的资本成本），但是它会使二号分部的 ROI 从 5% 增至 6%。通常来讲，在采用 ROI 法的企业中，会激励管理者投资回报率高于自己通常回报率的项目，而不是回报率高于组织资本成本的项目。因此，基于 ROI 的评价指标促使一号分部放弃了回报率高达 15% 的项目 A，却使二号分部接受了回报率低至 7% 的项目 B。

若企业现在假定业绩衡量是以剩余收益为基准，对一分部来说，如果投资项目 A，将会使每年的剩余收益从 100 000 元增至 125 000 元。这 25 000 元的增加源于项目 A 每年 75 000 元的回报减去每年 50 000 元的投入。和采用 ROI 不同的是，一号分部会接受项目 A。对二号分部来说，投资于项目 B 则会是剩余收益从 －40 000 元变成 －64 000 元。这 24 000 元的减少来自项目 B 每年 56 000 元的回报减去每年 80 000 元的投入。因此二号分部的管理者会拒绝项目 B。基于剩余收益的评价方法，会使两个部门的管理者投资在回报率超过资本成本的项目上，但是基于 ROI 的评价方法则会使两个部门的管理者做出错误的决定——一号分部拒绝了一个可取的项目，而二号分部接受了一个不可取的项目。通常来说，运用剩余收益法或者 EVA 法会比采用 ROI 法更能促进目标一致并达成更优决策。

【结论及建议】

基于以上分析，若你的公司以 ROI 作为评价标准，一号分部会拒绝项目 A；二号分部会接受项目 B。若你的企业假定业绩衡量是以剩余收益为基准的，一号分部会接受项目 A；二号分部会拒绝项目 B。

显然，ROI 会促使部门管理者做出对自己有利，而对企业整体而言并不是最好的投资决策。然而假如一家公司利用剩余收益（或 EVA）作为衡量指标的话，管理者就会被激励着去选择那些回报率超过资本成本的项目进行投资，因为只有这些项目才能增加部门的剩余收益。

然而，尽管剩余收益法（或 EVA 法）似乎更加合理，但是大多数公司仍采用 ROI 法，这是为什么呢？也许是因为 ROI 比较容易计量，更容易被管理者理解，并且在不同的分部之间更容易进行比较。除此之外，在有些情况下，高层管理者还可以通过告诫分部管理者将 ROI 与资本成本进行比较而不是与自己部门的 ROI 进行比较来将 ROI 的缺点最小化。通常情况下，公司都会选择一个既可以激励管理者、又能够与组织目标相一致，而且可以带来盈利的衡量指标，而不会选择一个过于复杂或者应用起来过于昂贵的衡量指标。

需要强调的是，责任业绩评价并非只局限于上述财务指标基础上的评价。事实上，所有责任中心均会有重要的非财务业绩评价指标，如商品或劳务的质量、经营周期、顾客满意度、员工满意度和市场占有量等。这些非财务指标的重要性因责任中心的划分而各不相同。即使在同一类责任中心，由于各个部门权责范围的差异，重要性也会有所不同。这就要求基于各责任中心的具体特征进行详细的分析。

【案例小结】

本案例中涉及的知识点：投资决策；投资收益率；剩余收益。

本案例中对所涉及知识点应用能力的要求：如何评价不同投资中心业绩指标结果发生矛盾时的结构；投资中心业绩评价指标的不同优势与劣势。

第二节　绩效管理案例分析

案例一

【案例描述】

南达公司是一家初创公司，自成立以来第 1 年、第 2 年的主要财务指标见表 6－11。

表 6－11　　第 1 年、第 2 年财务指标

年份	销售净利率	资产周转率	资产负债率
1	6%	1.5 次	50%
2	7%	1.2 次	60%

你作为南达公司的财务总监，公司 CEO 要求你对公司的财务绩效进行评价并对未来发展给出财务意见，请给出你的评价及建议。

【案例阅读分析】

通过阅读案例我们能够了解，这个案例需要我们对企业财务进行绩效评价，首先，我们需要了解现有的较为流行的财务绩效评价方法，进而对数据进行分析评价。目前，较为有效的财务绩效评价方法有杜邦分析法以及经济增加值（EVA）绩效评价系统。杜邦分析法是利用几种主要的财务比率之间的关系来综合地分析企业财务状况的一种方法，它着重评价公司盈利能力和股东权益回报水平，是从财务角度评价企业绩效的一种经典方法，根据本案例所给信息数据，我们可以选择采用杜邦分析法进行相应的财务绩效评价。权益报酬率居于整个杜邦财务分析体系的核心，其他指标都是围绕此指标分解而形成的。

权益报酬率与其他指标之间的关系为：

权益报酬率 = 资产报酬率 × 权益乘数

= 销售净利率 × 资产周转率 × 权益乘数

其基本思想是将企业权益报酬率逐级分解为多项财务比率乘积，从而有助于深入分析和比较企业经营业绩。杜邦分析法的基本思路为：权益报酬率与总资产报酬率及权益乘数之间的关系；总资产报酬率与销售净利率及资产周转率之间的关系。权益报酬率是一个综合性最强的财务分析指标，是杜邦分析系统的核心。企业财务管理的重要目标之一就是实现股东财富的最大化，权益报酬率正是反映了股东投入资金的获利能力，以及企业筹资、投资和生产运营等各方面经营活动的效率。权益报酬率取决于企业总资产报酬率和权益乘数。总资产报酬率反映企业运用资产进行生产经营活动的效率高低，而权益乘数则主要反映企业的筹资情况，即企业资金来源结构。

杜邦分析法在揭示上述几种财务比率之间的关系之后，再将净利润、总资产进行层层分解，从而就可以全面、系统地揭示出企业的财务状况以及财务状况这个系统内部各个因素之间的相互关系。它通过几种主要的财务指标之间的关系，直观明了地反映出企业的偿债能力、营运能力、盈利能力及其相互之间的关系，从而为经营者提供了解决企业财务问题的思路，并为企业提供了财务目标的分解、控制途径。

基于以上认识，我们可以对案例中的业绩指标进行计算并做出分析评价及建议。

【数据分析】

根据案例所提供的信息：

A 公司第 1 年的权益乘数 = 1/(1 − 50%) = 2

权益报酬率 = 6% × 1.5 × 2 = 18%

第 2 年的权益乘数 = 1/(1 − 60%) = 2.5

权益报酬率 = 7% × 1.2 × 2.5 = 21%

公司自成立以来第 1 年、第 2 年的主要财务指标见表 6 − 12。

表 6 − 12　　南达公司主要财务指标

年份	销售净利率 ①	资产周转率 ②	资产报酬率 ③ = ① × ②	资产负债率 ④	权益乘数 ⑤ = 1 ÷ (1 − ④)	权益报酬率 ⑥ = ③ × ⑤
1	6%	1.5	9%	50%	2	0.18
2	7%	1.2	8.40%	60%	2.5	0.21

【结论及建议】

南达公司第2年的整体财务绩效显著好于第1年（权益报酬率21% >18%）。这主要是因为，第2年企业不仅改善了销售净利率（7% >6%），而且提高了负债比重（资产负债率由50%上升到60%），财务杠杆的积极作用更好地发挥出来。当然，我们也应看到，南达公司的总资产周转率变小（1.2 <1.5），资产运营效率有所降低。未来的经营中，公司应通过加强资产管理，提高资产运营效率等，进一步改善公司财务绩效。

杜邦分析法是最典型的基于会计利润指标等财务绩效进行评价的方法。它通过分解权益报酬率，对影响企业盈利能力和股东回报水平的各财务指标的构成与变动进行了深入细致分析，在形象、直观地展现这些指标之间的内在联系、分析思路的同时，全面评价了经营者在经营获利、资产营运、融资与风险管理等方面的工作绩效。当然，杜邦分析法也存在一些不足。首先，此方法只涉及公司短期的、过去的信息，这既可能助长企业管理层的短期行为，又可能导致企业忽略长期的价值创造；其次，此方法仅仅关注公司的财务信息，从而可能忽视当今社会对企业经营绩效影响越来越大的顾客、供应商、雇员、技术创新等非财务因素的影响，不能综合反映企业的竞争实力；最后，在目前的市场环境中，企业的无形资产对提高核心竞争力至关重要，但此方法却不能反映无形资产的估值和评价问题。

综合而言，尽管杜邦分析评价法并不是评价企业绩效的特别理想方法，但由于此方法依托的财务数据易于获得，指标便于计算、理解和分析，因而此方法至今仍被广泛使用。

【案例小结】

本案例中涉及的知识点：财务绩效评价；杜邦分析法。

本案例中对所涉及知识点应用能力的要求：了解不同财务绩效业绩考核指标计算方法的组合运用；如何利用杜邦分析法去评价公司的财务绩效；杜邦分析法的优势与劣势。

案例二

【案例描述】

你是腾飞责任有限公司的管理会计的负责人。首席财务官 Anderson 要求你审查近5年公司的财务业绩，并考虑公司是否可以使用 EVA 评估每个地域业务单位的业绩。假设公司使用的加权平均资本成本（WACC）分别为7.4%、7.6%、8.19%、8.75%、9.6%，公司实际税率为25%。

从财务报表提取得到的有效数据如表6-13所示。

表6-13　财务报表部分数据

项目	2×17年	2×18年	2×19年	2×20年	2×21年
净营业利润（万元）	122 330	106 702	144 256	147 063	135 358
投资总额（万元）	904 925	936 721	1 080 837	1 218 477	1 420 325

请你做出相应的业绩评价。

【案例阅读分析】

阅读案例我们了解，这个案例也需要我们对于企业财务绩效进行评价的问题。根据本案例所给信息，我们可采用经济增加值（EVA）绩效评价系统进行相应的财务绩效评价。经济增加值（Economic Value Added，EVA®）是思腾思特（Stern Stewart）咨询公司开发的一种新型的价值分析工具和业绩评价指标，是基于剩余收益思想发展起来的新型价值模型。EVA 理论认为，资本是有成本的，所以在衡量业绩时，必须考虑到投入资本的成本，因而它与大多数其他度量指标不同之处在于：EVA 考虑了带来利润的所有资本成本，它的本质是"资本"利润，而不是平时大家重视的"会计"利润。在 EVA 体系中，判断一个项目是否有投资价值在于其是否能够创造价值，经济增加值的持续增长意味着价值的持续增长。EVA 能将内部制订的很多离散指标统一成一个最终指标，为组织创造价值。原本在不同的业务流程中会有各种不一致的衡量指标：例如，进行战略规划时，用可以收入增长额或市场份额来衡量；评估产品或生产线时，用可以毛利率来量；评价各部门的业绩时，可以用总资产回报率或预算规定的利润水平来衡量；财务部门则往往根据净现值分析投资价值；员工每年的奖金则是基于利润的预算水平来确定的。EVA 可以结束这种混乱状况，仅用一个指标就联结了所有决策过程。

基于以上认识，为完成首席财务官 Anderson 要求，审查近五年公司的财务业绩的任务，可能需要通过以下方式审查腾飞公司的财务业绩：计算近 5 年的 EVA；解释 5 年间 EVA 表现的差异；确定未来如何改进腾飞公司的 EVA。

【数据分析】

通过上述分析，可以通过以下步骤完成任务：

步骤 1——查看案例核心内容以确定使用经济增加值（EVA）绩效评价系统。

根据案例所给信息可以知道本案例需要使用 EVA 绩效评价系统进行业绩评价，其计算公式如下：

EVA = 净营业利润 - [加权平均资本成本(WACC) × 投资总额]

步骤 2——回顾上述案例研究数据确定计算分析所需数值。

将案例中相关信息整理列表，确定相关计算所需数值，如表 6 - 14 所示。

表 6 - 14　案例相关信息表

项目	2×17 年	2×18 年	2×19 年	2×20 年	2×21 年
净营业利润（万元）	122 330	106 702	144 256	147 063	135 358
投资总额（万元）	904 925	936 721	1 080 837	1 218 477	1 420 325
加权平均资本成本（%）	7.4	7.6	8.19	8.75	9.6

步骤 3——代入数据计算。根据以上数据，计算腾飞公司 2×17 ~ 2×21 年的经济增加值，并据此对该公司的绩效进行评判。依据案例数据：

2×17 年的 EVA = 122 330 - 904 925 × 7.4% = 55 365.56（万元）

2×18 年的 EVA = 106 702.25 - 936 721 × 7.6% = 35 511.45（万元）

2×19 年的 EVA = 144 256 - 1 080 837 × 8.19% = 55 735.45（万元）

2×20 年的 EVA = 147 062.5 - 1 218 477 × 8.75% = 40 445.76（万元）

2×21 年的 EVA = 135 358 - 1 420 325 × 9.6% = -993.2（万元）

【结论及建议】

通过计算分析得到腾飞公司近五年的 EVA 如下：

表 6－15 近五年的 EVA

项目	2×17 年	2×18 年	2×19 年	2×20 年	2×21 年
EVA（万元）	55 365.56	35 511.45	55 735.45	40 445.76	(993.2)

如表 6－15 所示，2×17～2×20 年，腾飞公司连续 4 年的 EVA 均为正数，说明在此期间腾飞公司能够持续地为股东创造财富，公司的价值创造能力持续增强。然而，到 2×21 年时，情况出现逆转，腾飞公司的 EVA 为－993.2 万元，说明该公司当年不仅没有继续为股东创造财富，而且还使公司价值下降 993.2 万元。仔细观察后可以发现，这主要是因为公司在出现调整后净营业利润下滑这一不利局面的同时，加权平均资本成本也从 2×20 年的 8.75% 增到 2×21 年的 9.6%。为此，下一步，需结合影响腾飞公司会计利润创造能力的因素，以及影响加权平均资本成本的债务融资、股本融资及其成本的内外部环境等因素，进行详细而全面的分析，以了解腾飞公司 2×17～2×21 年间财务绩效出现上述波动的深层次原因，并采取有效措施，提升腾飞公司的价值创造能力。

【案例小结】

本案例中涉及的知识点：经济增加值；经济增加值（EVA）绩效评价系统。

本案例中对所涉及知识点应用能力的要求：经济增加值（EVA）绩效评价系统考核指标计算方法的运用；如何利用经济增加值（EVA）绩效评价系统评价财务绩效；理解 EVA 调整的目的与原则；了解经济增加值（EVA）绩效评价系统的优势与劣势。

案例三

【案例描述】

假设 Delicious Foods 是一家食品零售连锁店，有三个分部。总部希望其每个部门有 16% 的目标收益率。Delicious Foods 公司的加权平均资本成本（WACC）为 13%，实际税率为 25%。假设亚太分部去年的业绩如表 6－16 所示。

表 6－16 亚太分部去年的业绩 单位：万元

营业利润	1 450
经营资产	16 100
流动资产	3 600
销售收入	26 500

你是 Delicious Foods 亚太分部的管理会计人员，亚太分部的总经理要求你分析去年的财务业绩，看是否符合总部要求，进而获取更多投资项目。其他分部的有关数据如下（便于横向比较分析）：

投资收益率：中东分部为 16%；东欧分部为 19%

经营资产周转率：中东分部为 3；东欧分部为 0.8

请给出你的分析与建议。

【案例阅读分析】

通过案例阅读我们知道，这是对企业财务绩效进行综合分析评价的问题，需要了解现有的较为流行的财务绩效评价方法，从而对数据进行分析评价。基于前几个案例里对相关财务分析评价方法的了解，对于本案例来说，你作为 Delicious Foods 亚太分部的管理会计人员，应该做出以下分析与思考：对企业财务绩效进行综合分析评价，主要有三个指标，因此主要进行三个关键指标的计算，从而进行分析与建议。

基于以上认识，完成该案例应计算亚太分部的营业利润、经营资产周转率和投资收益率（即采用杜邦分析法进行计算），结合案例中已给的中东分部和东欧分部的信息进行解释讨论；计算并解释亚太分部的剩余收益（RI）；计算亚太分部的经济附加值，它表明了什么？从这 3 个关键业绩指标中能得出什么结论？并给出建议。

【数据分析】

$$投资收益率=\frac{营业利润}{经营资产（或投资额）}\times 100\%$$

$$=\frac{营业利润}{销售收入}\times\frac{销售收入}{经营资产（或投资额）}\times 100\%$$

$$=销售利润率\times 经营资产周转率$$

$$投资收益率=(营业利润\div 销售收入)\times(销售收入\div 经营资产)$$

$$=(1\ 450\div 26\ 500)\times(26\ 500\div 16\ 100)=0.055\times 1.646=0.091$$

原有的亚太分部远远不能够满足高层管理者的要求，因为其投资收益率只有 9.1%，并且是严重低于其他两个分部（中东分部为 16%，东欧分部为 19%）。经营资产周转率（1.646）也大大低于中东分部的经营资产周转率（3.0），但比东欧分部 0.80 要高，这也就意味原有的亚太分部使用其资产创造收入的效率虽然没有中东分部的效率高，但比东欧分部的效率要高。部门经理人需要提高部门使用资产的效率。

$$剩余收益=营业利润-(目标收益率\times 经营资产)$$

$$=1\ 450-(16\%\times 16\ 100)=1\ 450-2\ 576=-1\ 126（元）$$

计算得出负的剩余收益，这验证了上一步投资收益率的计算结果：亚太部门并没有达到总部管理者的期望收益率。

$$经济附加值\ EAV=税后营业利润-[(经营资产-流动负债)\times 加权平均资本成本]$$

$$=1\ 450\times 75\%-(16\ 100-3\ 600)\times 13\%=1\ 087.5-(12\ 500\times 13\%)$$

$$=-537.5（元）$$

计算得到负的经济附加值，这表明了亚太部门并没有按照投资者和长期债权人的期望收益率创造利润。

【结论及建议】

通过根据对三个财务业绩衡量指标（投资收益率、剩余收益和经济附加值）的计算分析，得出了相同的结论：原来的亚太分部并没有达到财务预期，或是高层管理者和利益相关者的期望不切实际，或者是部门并没有达到标准。

然而，财务业绩指标是一种滞后的指标衡量过去决策的结果，部门经理人很可能现在执行新的计划以提高部门未来的盈利能力。前瞻指标应该用于评估新计划是否为公司指明了一个正确的方向。

【案例拓展问题】

你现在是总部的财务总监，总部正在考虑从三个分部里选一个承担一项新项目，该项目所需投资额为 100 万元，投资收益率为 11%。应该从哪些方面去分析比较，从而使资源更好的合理利用，从而实现利润最大化呢？

【案例小结】

本案例中涉及的知识点：投资收益率；剩余收益；经济附加值。

本案例中对所涉及知识点应用能力的要求：了解不同财务绩效业绩考核指标计算方法的组合运用；熟练利用不同财务评价指标进行计算与分析；理解财务指标的优点及局限性；对非财务指标等前瞻指标有所认识。

案例四

【案例描述】

SY 公司将平衡计分卡（Balanced Score Card）引入公司，菲奥娜作为基层绩效经理，直接负责执行平衡计分卡的相关事宜。然而，平衡计分卡的推行并不顺利，上上下下也听到不少抱怨，"还不就是为少发奖金找借口？原来的考核办法就像是一根绳子，现在想用四根绳子，栓得再紧点"。"不知道这到底是什么问题，是不是因为平衡计分卡真的不适合中国企业"，菲奥娜说起这些，显得有些无奈。你是菲奥娜的好朋友，也是 NBCS 公司的绩效经理，你们公司在引入平衡计分卡模型进行绩效评价以后，公司业绩有显著的提高。请你帮助菲奥娜分析排解她的疑惑与无奈。

【案例阅读分析】

通过案例阅读我们知道，案例要求我们对企业综合绩效评价指标理解和认识进行分析，首先我们需要了解现有的综合绩效评价方法——平衡计分卡（Balanced Score Card），从而对其指标体系进行分析评价。通过《管理会计》的学习我们了解到平衡计分卡（Balanced Score Card，BSC），是绩效管理中的一种新思路，适用于从公司战略的角度对部门的团队进行考核。平衡计分卡以公司战略为导向，寻找能够驱动战略成功的关键成功因素，并建立与之密切联系的指标体系来衡量战略实施过程，并进行必要的修改以维持战略的持续成功。

传统的业绩评价产生于产业时代，特点是事后评价、关注组织自身、重视短期业绩、以财务指标为主。因此，财务绩效评价法主要是对过去情况的描述，不能说明未来的潜力，也不利于企业的持续提升和创新。在现代企业管理模式和理念的冲击下，以往传统的单一财务业绩评价体系缺点日益显现。对于企业来说，在设计合理的绩效评价体系时，应在评价股东所关注的财务表现的同时，注意考核企业是否达到顾客的要求、企业的内部业务流程有无改进、质量和效率的目标有无达成，以及企业的学习能力和发展能力如何等。

平衡计分卡并非认为财务指标不重要，而是需要取得一个平衡：短期收益与长期收益的平衡；财务指标与非财务指标的平衡；外部计量（股东与客户）和内部计量（内部流程、创新与人员等）的平衡。而过分强调财务指标往往导致企业内部关系的失衡，对企业的战略实施和长期发展不利。平衡计分卡主要是通过财务与非财务考核手段之间的相互补充，不仅使绩效考核的地位上升到组织的战略层面，使之成为组织战略的实施工具，同时也是在定量评价和定性评价之间、客观评价和主观评价之间、指标的前馈指导和后馈控制之间、组织的短期增长与长期增长之间、组织的各个利益相关者之间寻求平衡的基础上完成的绩效管理与战略实施过程。平衡计分卡将战略置于中心地位，并使管理者看到了公司绩效的广度与总额。

【结论及建议】

平衡计分卡是从财务指标、客户、内部流程、学习与成长四个方面细化为战略层面、战略目标、考评指标、业绩动因、目标标准、行动方案、评分七大要素，进而将组织的战略从静态到动态地落实为可操作的衡量指标和目标值的一种新绩效管理体系。它是一种将组织战略目标与业绩驱动因素相结合，动态实施组织战略的略管理系统。财务层面即我们怎样满足股东？顾客层面：顾客如何看待我们？内部流程层面：我们必须在哪些方面做得更好？创新与学习层面：我们能否持续提升并创造价值？这四个层面紧密联系、相互影响、相互作用的。其中，财务是最终目标，顾客是关键，内部流程是基础，创新与学习是核心。只有企业不断地创新与学习，才能持续改善企业内部流程，才能更好地为顾客服务，并最终实现企业的财务目标。平衡计分卡模型的重要作用就在于将战略、过程和管理人员联系在一起，提供了一种综合的计划、控制和评价系统。

然而，把“战略工具”仅仅用在“员工绩效考核”上，用牛刀来杀鸡，这是实施平衡计分卡最常见的错误平衡计分卡是一种战略管理系统，是建立在统一战略前提之下的业绩考核工具，如果只是为了建立相应的薪酬奖励或惩罚制度，员工行为会变成考核什么才做什么。针对这种情况，有以下几点建议：①员工绩效管理应以战略目标为出发点；②非关键指标要靠文化、使命、价值观来引导，让员工认同“不能只看 KPI 考核什么才做什么”的理念；③薪酬奖励和惩罚制度不能发挥员工的所有潜能，反而致使优秀员工的流失，在现代商业环境下，要想充分发挥每位员工的作用、做好员工，就要对员工提供帮助、辅导和培训，使其素养和眼界不断提高，通过员工的发展来实现组织的不断发展。

值得注意的是，虽然平衡计分卡是对传统绩效评价方法的一种突破，但是不可避免地也存在自身的一些缺点：包括其要求组织已经有了明确的组织战略。管理基础较差的组织不可以直接引入平衡计分卡，必须先提高自己的管理水平，才能循序渐进地引进。同时，建立非财务指标体系比较复杂。平衡计分卡克服了依靠单一财务指标开展评价的局限性，引入了非财务指标，但如何确立非财务指标的标准、如何评价非财务指标、如何收集资料，是需要组织管理层根据组织的战略、运营的主要业务和外部环境加以仔细斟酌、长期探索的。

【案例小结】

本案例中涉及的知识点：平衡计分卡。

本案例中对所涉及知识点应用能力的要求：了解平衡计分卡的综合绩效评价体系；了解平衡计分卡的优点及局限性。

第七章　管理会计思维下的商业模式创新

学习目标

知识目标：

能够从管理会计的视角理解和解释商业模式的创新，解析管理会计思想对于商业模式创新带来的机遇和作用，学会用管理会计的思想宏观考虑企业的战略和运营模式，并用管理会计方法为企业的战略决策提供数据支撑和方法解析。

能力目标：

能够在案例分析过程中正确运用管理会计学习中的相关概念和理论；能够准确利用案例所提供的信息判断使用何种管理会计方法提升了现有的管理运营决策效率和企业的商业价值并得出结论；能够自如运用管理会计专业分析方法进行管理决策的数据分析；能够在进行相关案例分析时综合考虑各种非量化因素并对方案选择提出观点。

本章教学建议

本章围绕管理会计思维在商业模式创新中的作用展开，第一节内容对于商业模式创新和管理会计的关系进行理论叙述，教师可以从管理会计对于商业模式创新的影响出发，向学生介绍如何运用管理会计的方法去挖掘商业模式创新的方式，可以课前让学生阅读相关的案例，并根据自己的判断分析案例中运用了管理会计中的哪些方法和知识点，回顾这些知识点的具体做法，而后让学生在课堂上以不同小组为单位去设计不同的管理会计方法，可以在哪些角度实现商业模式创新，每个小组通过 PPT 进行阐述，其他小组的同学可以在这个过程中提问或质疑，之后教师带领学生共同学习第二节中的案例内容，结合各个小组的分析，得出分析结论并进行内容总结。

第一节　商业模式创新与管理会计的关系

在信息化时代，企业获取竞争优势的条件发生了变化，如产品和服务满足顾客的高要求、个性化需求，员工技能熟练、效率高且工作热情饱满，企业内部业务流程无缝对接且高效运转，重视客户的高满意度和高忠诚度，企业的价值创造过程发生了翻天覆地的变化，越来越多地体现在对于无形资产的管理，而不再是传统意义上的实物财产，企业必须与上下游的供应商、顾客以及外部的利益相关者构筑良好的社会关系，必须利用先进的信息共享，系统优化内外部业务流程，不断提高员工的专业技能和沟通能力，提升产品和服务的质量，改革和创新商业模式，才能在日益激烈的市场竞争环境中立于不败之地，而回归管理会计的实质和使命，管理会计更应该关注企业资产的利用状态是否合理，各事业部的资本利用效率是否适当，会计信息是否能够帮助企业的决策者了解企业价值增值的流程以及是否可以进行改进和优化。

一、商业模式创新如何实现

现代企业的竞争，越来越表现为商业模式的竞争。目前，诸多行业通过价值链创新、改变交易方式、打破企业边界、整合各种资源、构建交易平台等取得了巨大成功，这正是商业模式创新的成功。比如波音、阿里巴巴、金风科技等商业模式的创新可以改变整个行业，深刻影响行业的发展态势，而创新商业模式的企业将在改变后的行业内处于领先、主导、甚至垄断的地位。由于商业模式已经成为企业成功转型、发展成行业标杆的重要手段，在构建商业模式时如何创新管理会计模式或分析方法就显得尤为重要。以火电企业为例，电力企业普遍存在投资规模大、资产负债率高、社会资源整合乏力、资金使用效率不高、受制于煤炭和电网的双重影响等诸多问题，而解决这一核心问题在于转变火电企业重资产的传统商业模式，但是不同的资产组合所采取的BT/BOT/ABS等诸多交易工具如何选择？具体方案如何设计？是否可以有一种形象化的分析工具帮助企业？另外，在企业运营期间，如何实现固定成本内部、变动成本内部、固定成本和变动成本的灵活互换等均需要一套分析方法来支撑。从商业模式的内涵看，商业模式就是一种交易结构，而交易结构的核心就是如何设计和选择交易工具，因此，不同交易工具如何选择及其模型化是商业模式选择中的核心问题。因此管理工具的转变必须适应商业模式转换的需要，才能维持和促进企业的发展壮大。

二、什么是管理会计思维

管理会计的特点在于对企业经济数据高效率的二次加工和处理，能够极大程度上保证企业会计数据的完整性，为企业的可持续发展规划决策制定提供强有力的依据。与此同时，企业的财务会计和管理会计在时效性方面存在明显不同，前者重在监督并汇报公司的账目，可以在一定程度上对账目的真实性负责，但是却不一定能够为企业财务的下一阶段预测提供依据。而后者则有效的解决了这一问题，使得相关工作人员可以利用财务数据来预测公司未来财务，以更加长远的目光对财务进行有效规划，提高企业在新形势下的核心竞争实力。

管理会计思维是将会计的核算和信息职能转化为战略和管理的决策支持职能，职能转化，商业模式创新需要将企业运营过程中的无价值环节进行优化和剔除，利用会计信息和财务共享完成企业对于自身数据的挖掘和透视，找到可以突破、整合、融合，实现资源的再分类和再分配，从低附加值环节转向高价值增值环节，从加工制造向后移至品牌营销。

在互联网和大数据背景下，管理会计思维比以往任何时候所发挥的作用都要重要，但是在新的时代背景中，管理会计分析体系依据企业所属行业不同，规模不同，分布区域不同等需要对大量关于市场、生产、人力、销售等数据进行归集，并采取不同的合适的分析方法进行各类数据进行分析从而把握其内在规律，如对医药集团公司而言，其市场数据包括客户地域结构、客户年龄、客户销售量结构、客户性别结构、不同地区公司的产品成本构成、回款规模、回款周期、客户信用等，企业需要运用管理会计方法进行多维度的分析，挖掘客户需求，进一步实现精准营销，进一步为企业包括研发、生产、财务等管理决策提供信息支持，管理会计财务和生产分析工具实现创新营销就显得尤为重要。

三、管理会计思维在商业模式创新中的具体应用

（一）商业模式的转变

随着顾客个性化需求的进一步发展和市场细分进一步细化，传统的营销方式不能满足市场需求，精准营销应运而生，精准营销是以大数据为基础，伴随着电子商务的产生而产生，率先由德国 Dresden 大学的 Tanja Joerding 在 1999 年实现了一个多样化的电子商务原型系统 TELLIM 而出现的，在以后的 10 年间譬如 NEC、Google、纽约大学、雅虎等各大公司纷纷在此领域开始耕耘，一直到 2009 年 7 月，中国的首个个性化研究团队成立，这也象征着中国独立的电子商务体系生成，大数据时代精准营销解决方案团队的开始大数据精准营销是在传统精准营销的基础上进行思想定位的，依托于互联网发展的新趋势，创建出多元化并且多样化的用户使用及沟通场景，初步实现了营销成本的控制，正因为如此，其成为互联网精准营销的主要核心价值。

传统营销是一种静态的营销方式，是根据性别、年龄职业和收入等基本属性来判断顾客的购买力和产品需求，从而对市场进行细分，并制定相应的产品营销策略。而大数据不仅记录了人们的行为模式，而且记录人们生活习惯，分析人们的情感，可以准确预测客户的需求。这些数据一旦被企业获知，则可以针对性准备基于客户生命周期的营销策略，这是一个动态的营销过程，精准营销的过程，如图 7－1 所示。

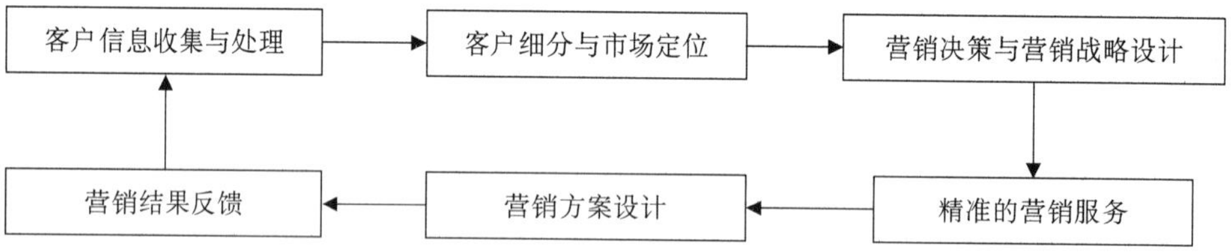

图 7－1　精准营销过程

大数据时代精准营销的四大核心思维：即 4C 理论是根据消费者需求拟定了构成营销组合的四个基础要素：即消费者、成本、便利和沟通。大数据营销的关键是对销售市场进行准确的定量分析，整合数据库系统，对客户资源进行长期的多元化跟踪，保持互动沟通，部分数据的客户使用人工智能和大数据计算，对企业的目标用户进行信息智能触摸和产品智能推荐，从而帮助企业正确实现客户营销。以客户为中心，依托强大的数据库资源，通过对数据的分析和整合，对客户进行准确的分析和定位，实现合适的时间，恰当的地点，能被消费者接受的价格，通过独特的营销渠道，为目标的客户群体提供他们所心仪的产品，最大限度地实现企业的利益。精准营销的本质是，依据消费者的个性化需求来提供产品和服务，这其中的大数据技术仅是满足客户需求的手段而已。

（二）成本管理思想转变

在新的经济环境和市场竞争环境下，客户个性化需求更加多元化，而传统的大批量、标准化为核心的经营思路和成本管理方法势必难以适应新的竞争需要，这要求企业必须转移成本管理重心、拓展满足不同竞争需要的成本控制视角，构建个性化、多角度的成本管理体

系，成本管理会形成因行业和企业而呈现出一企一策的成本管理、多彩缤纷的成本管理体系局面。在企业管理决策中强调的是相关性，因为决策者奉行“不同目的、不同成本”的信条，管理决策的要求和目的不同，应当采取不同的成本概念，因此成本体系也不是一个单一的概念，而是一个广义、多维的成本概念体系。如管理会计的质量成本、环境成本就是针对不同竞争需要而进行的成本管理创新的概念。比如环保压力使得电力企业会以环境成本管理为中心；外部的价格竞争使得煤炭企业以传统成本管理为中心；汽车组装企业为了及时满足客户多种个性化需要，则需要以时间和速度为成本管理重心；零部件制造企业竞争需要以质量为重心，那么质量成本的管理就显得尤为重要。

另外，大数据时代企业内组织边界被打破，不同部门间信息得以交叉流动，推动了企业业财一体化进程。管理会计系统的本质是信息系统，既为计划、控制、决策和业绩评价部门提供信息，也需要各主要业务部门、财务会计、资产管理、资本运作和统计部门为其提供用以评价市场风险、信贷风险及产品部门经营业绩的外部金融市场、宏观政策、行业市场和同业经营等有关信息。企业组织内部的集成数据信息网络极大地加快了信息的传递，促进了业务流程与财务流程的有机融合，推动企业基于多种模式的财务共享中心建设灵活高效的柔性管理组织。大数据时代背景与业财融合趋势下，管理会计模糊了信息提供者和使用者的界限，由每位员工直接提供和使用信息，直接参与管理会计信息的收集，帮助发现实务问题；管理会计也相应嵌入单位相关领域、层次、环节，从业务与财务的运作流程中，获取有价值的业务与财务关键信息，这种组织内全员全过程参与不仅大大提升了信息质量，形成满足公司内部各领域经营管理和决策需求的多维度、多样化的管理会计信息，也有效解决了管理会计理论与实际脱节的问题。随着基于流程和信息技术升级的财务转型，管理会计得以向更高层级的业务型财务和战略型财务升级，更好地服务于企业价值创造。

（三）管理会计的转变

企业在商业模式创新时通过精准营销的方式能够更加清晰地了解企业的具体顾客是什么群体，顾客的需求是什么，通过哪种方式进行营销，怎么创造利润，而财务共享时代，这种精准营销的商业模式创新需要不同部门间、伙伴企业间的信息共享，这对于管理会计的核算无论是时间及空间上都要进行不同程度的拓展。

1. 核算范围方面。跨界经营与联合使管理会计研究范围由组织内局部经济活动延伸至组织间价值网体系。大数据时代，企业与行业边界逐渐模糊，企业间竞争着眼点从相似企业拓展至企业与非对称竞争对手及企业自身的供应商、中介机构之间，企业通过战略合作、平台化运营对价值网络进行重构与优化，价值网络节点之间的互动促进了“数据”的产生与流动。大数据平台集中的业务流程数据、产品和服务数据以及顾客数据更好地支持了管理会计的经营预测、决策与控制职能，管理会计能够基于材料供应、生产技术、存货储备、商业流程等信息，动态评价价值网上各企业的协作能力与协同效果，将视野涵盖整个生态网络，通过价值网成本管控实现价值生态内多家企业的合作共赢。

2. 核算精度方面。大数据时代的智能制造模式对成本核算、定价决策的处理精度提出了更高要求。从以企业为中心到以顾客为中心的价值主张调整，改变了企业的客户关系管理及价值创造方式，为快速响应顾客的个性化需求，同时降低产品成本和资源消耗，智能制造模式应运而生。成本管理是管理会计的核心内容，成本－效益分析法贯穿于管理会计工作的始终，智能制造模式下“个性化、小批量订制”的柔性生产特点决定了产品直接成本的归集和间接成本的分摊需要细化到每个订单，这必将导致成本核算精细化发展。智能制造模式的另一个特点是脱媒化营销，借助网络信息技术的发展应用，企业得以跳过中间商直接向用户销售产品与服务，这需要管理会计在定价方面发挥更大作用。在个性化定制与脱媒化营销的发展趋势下，企业对每个客户、每笔订单都要差异化分析，精益化成本核算与定价决策将愈为重要。同时，企业财务共享模式下的全成本管理系统覆盖了价值链各环节的成本管理流程，能够提供更加真实、完整的整体成本数据，为企业全面应用作业成本法、开展成本动因分析提供了业务及财务数据，也支撑了管理会计精细化核算需求。大数据时代下，全价值链数据来源与精细化作业管理相辅相成，加大了管理会计核算对象的广度与深度。

3. 核算流程方面。管理会计由事后经营结果的核算向全过程管理控制转变，加强了企业的风险管理能力。基于财务共享服务中心的管理会计信息化系统使管理会计能够获取更多实时信息，打开企业内部组织方式与生产行为的“黑箱”，完成甄别企业发展关键因素、纠正关键指标目标偏离、及时发现经营管理问题、修订和完善过程行动计划和方案、实现核心资源要素的再配置等一系列管理工作。此外，对于企业面临的各种内外部风险，管理会计能够运用大数据分析合同履约能力变化、客户流失情况、预测行业景气情况，提前进行风险管控，充分发挥管理会计在经营活动中的事前预测、事中成本控制、事后评价职能。

与传统的财务思维相比，管理会计思维与大数据的理念更加契合，更符合大数据时代企业发展的需要。管理会计的工作范围绝不仅仅局限在财务工作的范畴，它更强调财务工作在企业经营管理中的参与，为企业的日常管理工作和重大决策提供更科学的财务数据。它的预测功能、分析功能和评价工作在某种程度上与大数据的各项功能相当契合，并且企业在推行管理会计的过程中也必须借助大数据技术才能够完成。此外，管理会计是一种面向未来的财务管理工作，它着眼于企业的长远规划和可持续性发展，是大数据时代下企业转型发展的必然要求，为企业的长远发展提供有效的数据支撑。管理会计能够为企业带来更多的利益，对企业的规划决策制定提供坚实可靠的数据支撑，这一点从财务会计与管理会计的特点对比方面就可以看出，更受到企业管理层人员的青睐。与此同时，企业内部管理会计工作的开展能够帮助各部门人员了解企业的资金使用状况，保证企业财务预算的可靠性和准确性，提升资金利用效率，在潜移默化中为企业的资金安全树立一道坚固的防线。

企业若想达成商业模式创新，提升核心竞争力的目的，就必须对企业管理模式进行整体优化，确保企业内部资源能够得到有效配置和高效利用，避免由于人力因素和资金问题所酿成的风险，降低不必要的损失，提升企业在大数据时代市场中的风险防范能力。管理会计是对企业的经济活动进行科学系统的管理工作，包括企业在运行中的规划性决策、对资金的合理配置、对经济活动的规划与控制、业绩评价等。它是财务工作与管理学相结合的一个复合型概念，包括成本会计和管理控制系统两大组成部分。管理会计对企业经济数据高效率的二次加工和处理，能够极大程度上保证企业会计数据的完整性，为企业的可持续发展规划决策制定提供强有力的依据。

第二节　综合性管理会计思维下商业模式创新案例分析

案例一

【案例描述】

GT 公司坚持“企业管理以财务管理为中心，财务管理以资金管理为中心”的指导思想，紧紧抓住资金、成本两个管理中心环节，追求综合效益的最优化。近年来，通过全面预算的不断探索和实践，保证了企业资金的有序控制，为企业持续发展提供了可靠保证。GT 公司的企业管理制度实现了由生产计划型管理模式向目标管理为主体的经济责任管理模式，以成本控制为突破口的目标成本管理制度，以资金集中管理为核心的投资集中管理、投资项目集中管理以及内部银行管理制度、以费用控制为重点的“分额控制，分项核定”的费用管理制度等，随着生产经营型体制向资产经营型体制的转变，企业管理制度又实现了由经济责任制管理模式向全面预算管理模式的转变，为了更好地配置经济资源，促进工艺结构和产品品种结构的调整，提高企业的核心竞争力，增强企业的持续发展能力，需要有一种更为先进、能对企业生产经营活动实现全方位的管理模式。由此，GT 公司引进全面预算管理体制。

GT 的管理会计框架是以全面预算管理为基本方法，以成本管理为基础，以现金流量控制为核心，以信息技术为支撑形成的四位一体结构。在具体的实践当中，GT 以全面预算管理体系对接战略与运营，综合运用成本管理工具推进精益成本管理，通过三权集中和三维监控降低资金使用成本并通过信息化建设持续提升成本竞争力。在管理会计框架指导下，GT 推动其成本结构向更合理的方向发展。管理会计的应用也为 GT 实现其成为全球最具竞争力的钢铁企业的战略目标企业提供了有力支持。

【案例阅读分析】

从阅读案例我们知道，这是在管理会计框架指导下，应用全面预算管理作为资金管理控制的手段，实现低成本提升企业竞争力的典型，企业如何通过全面预算管理实现低成本战略，我们在《管理会计》的学习过程中已经了解企业可以通过推行全面预算管理，将损益预算、现金流量预算、投资预算等涉及企业资金流的所有项目进行逐项控制。

通常说来，我们在进行全面预算管理的时候，最好分几个方面来进行。第一，成立全面预算管理的组织机构，一般设在计财部，各分子公司也应成立预算管理机构，预算编制要采取自上而下、自下而上、上下结合的参与式编制方法；第二，全面预算管理要体现全面、全过程，以营业收入、成本费用、现金流量为重点，投资预算、技术改造、大修理、采购成本等预算要全面；第三，全面预算要建立部门、分子公司主要负责人责任制。全面预算管理是企业强化经营管理，增强竞争力，提高经济效益的一项长期任务。第四，要与实现收支两条线管理相结合，预算控制以成本控制为基础，现金流量控制为核心，确保各项费用合理支出。第五，全面预算管理要同深化目标成本管理相结合。

【问题具体分析】

在全面预算管理中，企业围绕“利润”这一中心目标，从实际出发，找准影响企业利润的关键问题，瞄准先进水平，制定降低成本，扭亏增效的目标和措施，积极依靠全员和科技降成本，降费用，以确保公司利润目标的完成。关键信息如下：

GT 公司以成本控制为突破口的目标成本管理制度，以资金集中管理为核心的投资集中管理、投资项目集中管理以及内部银行管理制度、以费用控制为重点的“分额控制，分项核定”的费用管理制度等，为了更好地配置经济资源，促进工艺结构和产品品种结构的调整，提高企业的核心竞争力，增强企业的持续发展能力。GT 的管理会计框架是以全面预算管理为基本方法，以成本管理为基础，以现金流量控制为核心，以信息技术为支撑形成的四位一体结构。GT 以全面预算管理体系对接战略与运营，综合运用成本管理工具推进精益成本管理，通过三权集中和三维监控降低资金使用成本并通过信息化建设持续提升成本竞争力。在管理会计框架指导下，GT 推动其成本结构向更合理的方向发展。

【结论及建议】

现代企业进行全面预算管理已经成为现代企业管理的一个有效手段，编制预算时体现全面、全过程、不留死角，为确保预算的完成，各分公司、子公司必须围绕全面预算管理要求完成的指标，分解到各部门，部门分解到人，做到横到边，纵到底，事事有人管，指标不落空。

【案例扩展问题】

在本案例中我们发现全面预算编制过程是对企业各个阶层各个环节各项指标的全面梳理和全方位控制的过程，那么这就需要一个强有力的支撑平台即信息系统的支持，因此很多企业都已经在信息共享和平台建设方面逐步进行信息系统建设，那么财务共享是否能够与全面预算管理进行融合，财务共享系统是否会促进企业的商业模式创新？

【案例小结】

本案例中涉及的知识点：价值链管理的核心思想，价值链管理对于企业商业模式创新的作用。

本案例中对所涉及知识点应用能力的要求：价值链管理对于企业商业模式创新的重要作用，如何将价值链管理与企业的实际状况结合实现商业模式创新。

案例二

【案例描述】

某煤炭建设集团采用管理会计思维五维解码实现商业模式的转型，第一维是以价值创新为核心，创新财务理念。找准价值管理实现三要素，通过价值链拓展来提升企业价值。第二维是以财务战略为主线，创新融资策略。利用 EVA 模型与可持续增长率（SGR）模型相结合的财务战略矩阵，既节省融资费用和所有投资的成本，也使企业的可持续发展与企业价值增值为共同目标。第三维是以预算考核为引领，创新绩效评价。某煤炭建设集团一直致力于以全面预算为引领的集成式绩效考核工作，并取得了一定成效。第四维是以标杆管理为基础，创新精益管理。标杆管理是企业内部持续评价最佳组织的实践，它旨在用于内部和外部评估以制定和实施规划，建立市场领袖地位的流程。第五维是以 ERP 系统为抓手，创新业务融合。在 ERP 系统调研和设计论证阶段，集团始终将 ERP 系统的业务蓝图规划作为实施前的重中之重，在各个环节充分体现未来财务活动与业务活动的高度融合，不仅打破了既有财务工作的被动局面，而且将财务活动延伸至企业的经营链、生产链、销售链、价值创造链的首末端。

【案例阅读分析】

从阅读案例我们知道，这是综合应用价值链管理、全面预算管理、标杆管理、财务信息共享等管理会计工具完成企业成本控制，价值增值，商业模式创新等的典型，企业如何通过综合有效地利用管理会计手段实现企业创新发展战略，完成商业模式成功转型，这是我们将管理学、会计学等经管类课程理论运用到实践中的最大的意义，也是大学人才培养的终级目标。管理会计的本质是信息系统，既为计划、控制、决策和业绩评价部门提供信息，也需要各主要业务部门、财务会计、资产管理、资本运作和统计部门为其提供用以评价市场风险、信贷风险及产品部门经营业绩的外部金融市场、宏观政策、行业市场和同业经营等有关信息。企业组织内部的集成数据信息网络极大地加快了信息的传递，促进了业务流程与财务流程的有机融合，推动企业基于多种模式的财务共享中心建设灵活高效的柔性管理组织。大数据时代背景与业财融合趋势下，管理会计模糊了信息提供者和使用者的界限，由每位员工直接提供和使用信息，直接参与管理会计信息的收集，帮助发现实务问题；管理会计也相应嵌入单位相关领域、层次、环节，从业务与财务的运作流程中，获取有价值的业务与财务关键信息，这种组织内全员全过程参与不仅大大提升了信息质量，形成满足公司内部各领域经营管理和决策需求的多维度、多样化的管理会计信息，也有效解决了管理会计理论与实际脱节的问题。随着基于流程和信息技术升级的财务转型，管理会计得以向更高层级的业务型财务和战略型财务升级，更好地服务于企业价值创造。

通常说来，我们在进行管理会计背景下企业商业模式创新时，需要明确以下几点：一是企业的目标顾客是谁，企业的利益源泉在哪；二是顾客需要什么，企业在创造价值的时候需要以什么条件作为前提变量；三是怎样获利，企业需要借助什么方式来获取利润，用什么方式来提升客户价值；四是价值逻辑之间的组合，也就是建构企业商业模式原因。其中，第一点和第二点组合便产生管理会计背景下企业商业模式建构的利益驱动变量，也就是确定企业的目标顾客以及怎样从目标顾客那里赢得利益；第二点和第三点组合便会产生管理会计模式建构的客户价值变量，也是确定客户价值的内驱力与建构客户价值的途径；第四点可以单独作为管理会计背景下企业商业模式建构的资源管理变量，也就是怎样合理配置资源管理才能够换来企业利润，建构客户价值。

【问题具体分析】

案例中管理会计五维工具为企业商业模式创新创造了良好的条件，从以企业为中心到以顾客为中心的价值主张调整，改变了企业的客户关系管理及价值创造方式，为快速响应顾客的个性化需求，同时降低产品成本和资源消耗。成本管理是管理会计的核心内容，成本－效益分析法贯穿于管理会计工作的始终；ERP 大数据平台集中的业务流程数据、产品和服务数据以及顾客数据更好地支持了管理会计的经营预测、决策与控制职能，管理会计能够基于材料供应、生产技术、存货储备、商业流程等信息，动态评价价值网上各企业的协作能力与协同效果，将视野涵盖整个生态网络，通过价值网成本管控实现价值生态内多家企业的合作共赢；企业财务共享模式下的全成本管理系统覆盖了价值链各环节的成本管理流程，能够提供更加真实、完整的整体成本数据，为企业全面应用作业成本法、开展成本动因分析提供了业务及财务数据，也支撑了管理会计精细化核算需求。大数据时代下，全价值链数据来源与精细化作业管理相辅相成，加大了管理会计核算对象的广度与深度。

【结论及建议】

现代企业除了在管理理念上将先进的管理会计思想运用到商业模式创新中以求得先机，提升市场竞争力，同时也必须应用先进的财务共享和云计算等进行管理会计系统建设，推动管理会计工作的数字化、智能化进程，通过在组织流程中运用大数据技术，夯实数据基础，将先进的管理会计工具应用由生产环节拓展到价值链的其他环节，完成甄别企业发展关键因素、纠正关键指标目标偏离、及时发现经营管理问题、修订和完善过程行动计划和方案、实现核心资源要素的再配置等一系列管理工作。此外，对于企业面临的各种内外部风险，管理会计能够运用大数据分析合同履约能力变化、客户流失情况、预测行业景气情况，提前进行风险管控，充分发挥管理会计在经营活动中的事前预测、事中成本控制、事后评价职能。

【案例扩展问题】

在本案例中我们发现管理会计作为现代会计的重要分支，主要为企业经营管理输送信息，帮助企业深度挖掘客户有效需求、提高全要素生产效率、建立持续盈利的经营模式，企业利用现代管理会计工具可以将传统管理的职能得以放大，使得管理会计无论从思维上还是工具上对于企业价值增值、商业模式创新中发挥重要的作用，那么管理会计的核算范围、核算精度和核算流程方面发生了哪些重大变化？又是如何影响企业的商业模式？

【案例小结】

本案例中涉及的知识点：价值链管理、财务战略、预算管理、精益管理，财务信息共享等在企业实践中的具体含义。

本案例中对所涉及知识点应用能力的要求：如何将先进的管理会计思想与企业实践结合起来提升为企业创造价值？

参考文献

1. ［美］罗伯特·S. 卡普兰，安东尼·A. 阿特金森．高级管理会计［M］．3 版．吕长江主译．大连：东北财经大学出版社，2006.

2. ［美］罗纳德·W. 希尔顿．管理会计学——在动态商业环境中创造价值［M］．7 版．杜美杰，陈宋生译．北京：机械工业出版社，2010.

3. ［美］唐·R. 汉森，玛丽安·M. 莫文．管理会计［M］．4 版．王光远，等，译．北京：中国人民大学出版社，2000.

4. ［美］英格拉姆，奥尔布赖特，希尔．管理会计——决策信息［M］．2 版．陈晋平，程小可，译．北京：清华大学出版社，2005.

5. ［美］威廉姆斯·斯特尔顿，格里·桑顿，查尔斯·亨格伦．管理会计教程［M］．华厦出版社，2012.

6. ［美］罗伯特·N. 安东尼，大卫·F. 霍金斯，肯尼斯·A. 麦钱特．会计学教程与案例——管理会计分册［M］．王立彦，等，译．北京：机械工业出版社，2013.

7. ［美］米切尔·马赫．成本会计——为管理创造价值［M］．5 版．姚海鑫译．北京：机械工业出版社，2008.

8. ［美］查尔斯·T. 亨格尔（斯坦福大学），斯坎特·M. 达塔乔治．福斯特．成本与管理会计［M］．11 版．北京：中国人民大学出版社，2013.

9. ［美］韦恩·J. 莫尔斯，詹姆斯·R. 戴维斯，阿尔·L. 哈特格雷夫斯．管理会计——侧重于战略管理［M］．张鸣主译．上海：上海财经大学出版社，2005.

10. ［美］苏珊娜·奥利弗，查尔斯·T. 霍恩格伦．管理会计［M］．王满译．辽宁：东北财经大学出版社，2011.

主编简介

夏勇，现任西安财经大学商学院会计学系副教授，毕业于西安电子科技大学，一直从事会计教学及研究工作，曾参与《会计学》《会计学实务》等多部教材的编写工作，目前主要进行管理会计教学及其应用研究。